T0267457

Espera, ¿soy el jefe?

Guía esencial para que los nuevos gerentes triunfen desde el primer día

Si este libro le ha interesado y desea que le mantengamos informado
de nuestras publicaciones, escríbanos indicándonos qué temas son de su interés
(Astrología, Autoayuda, Psicología, Artes Marciales, Naturismo,
Espiritualidad, Tradición...) y gustosamente le complaceremos.

Puede consultar nuestro catálogo en www.edicionesobelisco.com

Colección Éxito

Espera, ¿soy el jefe?

Peter Economy

1.ª edición: enero de 2023

Título original: *Wait, I'm the Boss?!?*

Traducción: *Jordi Font*

Corrección: *M.ª Jesús Rodríguez*

Diseño de cubierta: *Carol Briceño*

© 2020, Peter Economy

© 2023, Ediciones Obelisco, S. L.

(Reservados los derechos para la presente edición)

Edita: Ediciones Obelisco, S. L.

Collita, 23-25. Pol. Ind. Molí de la Bastida

08191 Rubí - Barcelona - España

Tel. 93 309 85 25

E-mail: info@edicionesobelisco.com

ISBN: 978-84-9111-954-8

Depósito Legal: B-22.042-2022

Impreso en los talleres gráficos de Romanyà/Valls S. A.

Verdaguer, 1 - 08786 Capellades - Barcelona

Printed in Spain

Reservados todos los derechos. Ninguna parte de esta publicación, incluido el diseño de la cubierta, puede ser reproducida, almacenada, transmitida o utilizada en manera alguna por ningún medio, ya sea electrónico, químico, mecánico, óptico, de grabación o electrográfico, sin el previo consentimiento por escrito del editor. Diríjase a CEDRO (Centro Español de Derechos Reprográficos, www.cedro.org) si necesita fotocopiar o escanear algún fragmento de esta obra.

PETER ECONOMY

autor del best seller *Managing for dummies*

Espera, ¿soy el jefe?

Guía esencial para que los nuevos gerentes triunfen desde el primer día

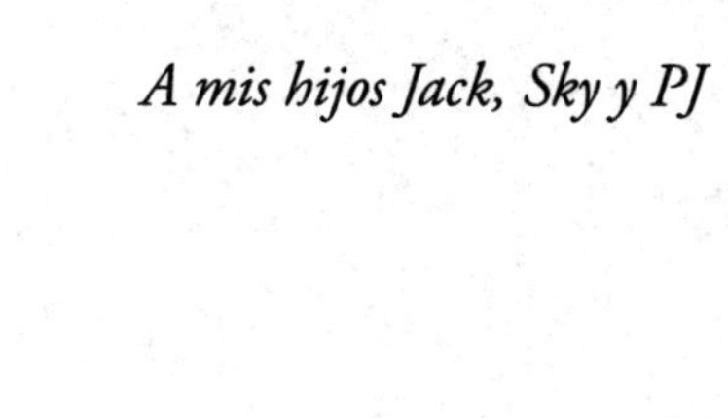

A mis hijos Jack, Sky y PJ

Agradecimientos

Muchas gracias al equipo de Career Press, en especial a Michael Pye, Jane Hagaman, Maureen Forys y Rebecca Rider. Además, no podría haber escrito este libro sin los esfuerzos estelares de mi agente literaria Jill Marsal, de la agencia literaria Marsal Lyon; muchas gracias por todos tus esfuerzos expertos en mi nombre.

Gracias también a Kevin Daum por presentarme hace varios años a la excelente gente de Inc.com. ¡Ha sido toda una aventura!

Y gracias a mi editora personal y musa de este proyecto, Sheila Wagner, por su apoyo y perseverancia. Verdaderamente aprecio tu ayuda.

Finalmente, gracias a mi esposa, Jan, por aguantar mi loco horario de escritura las 24 horas del día, los siete días de la semana. Esto también pasará. *Aloha au iā ʻoe. ¡Maui no ka ʻoi!*

Introducción

La gestión es, ante todo, una práctica donde se encuentran el arte, la ciencia y el oficio.

HENRY MINTZBERG, profesor de gestión empresarial

¡Felicidades! Has sido seleccionado para ser el gerente de tu organización. Al comenzar tu viaje de liderazgo, debes saber que has sido elegido por buenos motivos. Tu jefe ha visto potencial en ti como líder y cree que tienes lo necesario para hacer avanzar a tu organización.

Y no te equivoques. Los gerentes marcan una diferencia muy real en sus organizaciones: aportan el clima de trabajo. Según una investigación realizada por la consultora DDI (Development Dimensions International), las organizaciones con líderes de alta calidad tienen trece veces más probabilidades de superar a la competencia. Y no sólo eso, sino que el Pronóstico de Liderazgo Global 2018 de DDI informó que en la actualidad los dos principales desafíos para las organizaciones son: 1) desarrollar líderes *next generation* y 2) atraer y retener a los mejores talentos.[1] Por lo tanto, es de interés para tu organización –para *toda* organización– identificar, formar y desarrollar gerentes de calidad.

Gerentes como tú.

Pero hay un problema. La mayoría de las organizaciones no forman a sus nuevos gerentes. Según un artículo de la *Harvard Business Review* escrito por Jack Zenger, CEO de la consultora de desarrollo de liderazgo Zenger/Folkman, en promedio, los gerentes reciben formación en liderazgo por primera vez a los cuarenta y dos años. Esto es aproxima-

1. Ray, R. L.: «For CEOs, It's Still About Developing Leaders», en *Global Leadership Forecast 2018*. DDI, Bridgeville, Pensilvania, 2018, pág. 4.

damente diez años después de que comenzaran a supervisar a los trabajadores.[2] En otras palabras, no reciben formación sobre cómo liderar a los demás durante más de una década después de que se les asignara el trabajo de hacerlo.

Según Zenger, surgen tres problemas específicos cuando los nuevos gerentes no reciben la formación que necesitan para hacer su trabajo, y hacerlo bien:

1. **La práctica sin formación arraiga malos hábitos.** Aunque sería genial que cada nuevo gerente absorbiera automáticamente los buenos hábitos de su gerente, la verdad es que hay muchos malos gerentes por ahí. Y estos malos gerentes son malos modelos para seguir. De hecho, los investigadores han descubierto que más del 35 % de los profesionales han renunciado a su trabajo debido a un gerente, y el 15 % de los profesionales está considerando renunciar a su trabajo por culpa de su gerente.

2. **La práctica lleva a la perfección sólo si se hace correctamente.** En realidad, el viejo dicho de que «la práctica lleva a la perfección» no significa mucho cuando estás practicando una mala gestión. Si no has recibido formación sobre cómo ser un gerente eficiente, es muy posible que estés aplicando enfoques de gestión incorrectos.

3. **Los supervisores jóvenes practican en el trabajo, hayan sido formados o no.** La verdad es que, cuando te colocan en un puesto de gerente, intentas ser un gerente, independientemente de que hayas sido formado o no para ser eficiente. Una vez más, lo más probable es que se estén aplicando malos hábitos de gestión y que los empleados supervisados no estén nada contentos con ello. Esto puede tener todo tipo de efectos negativos sobre los empleados y la organización, desde una moral más baja hasta

2. Zenger, J.: «We Wait Too Long to Train Our Leaders», *Harvard Business Review*, 17 de diciembre de 2012. [Disponible en: hbr.org]

una disminución del compromiso o un aumento del ausentismo, entre otros problemas.

Así pues, ¿qué puedes hacer si eres un gerente nuevo al que no se le ha ofrecido formación alguna sobre cómo liderar o ser un gerente?

Lee este libro. Y luego pon en práctica lo que has leído.

Este libro es una guía completa de todo lo que necesitas saber para desempeñar el cargo de gerente. Y, aunque está escrito pensando en el nuevo gerente, también puede servir como un repaso útil para *cualquier* gerente, independientemente de la experiencia que tenga.

Si bien la tecnología y la demografía siempre cambiantes han transformado el lugar de trabajo de manera notable durante las últimas décadas, los conceptos básicos para gestionar la labor de los otros se han mantenido prácticamente iguales. Los empleados saben lo que quieren de sus gerentes e, indudablemente, saben lo que *no* quieren. En 2018, LinkedIn Learning publicó los resultados de una encuesta con casi 3 000 profesionales a quienes se les hizo esta pregunta: «¿Cuál es el rasgo más frustrante que has experimentado en un gerente?». Los cuatro rasgos específicos más repetidos de los malos jefes fueron:

1. Tener expectativas que no son claras o que cambian con frecuencia (20 %)

2. Controlar de forma exagerada (microgestionar) (12 %)

3. Ser distante y no implicarse (11 %)

4. No potenciar el desarrollo profesional (11 %)[3]

En un artículo en LinkedIn que explica los resultados de esta encuesta, la experta en formación en liderazgo Elizabeth McLeod opinó sobre el rasgo número 1 de los malos jefes:

---

3. Economy, P.: «LinkedIn Just Revealed the 4 Traits of Really Bad Bosses (And Here's How to Fix Them)», *Inc.*, 16 de octubre de 2018. [Disponible en: www.inc.com]

> La falta de expectativas claras es la causa fundamental del bajo desempeño. Los líderes a menudo piensan que son claros, pero los datos revelan una historia diferente. Los empleados necesitan saber por qué algo importa (el propósito) y qué se entiende por bueno (expectativas de desempeño). Muéstranos un líder que diga «No debería tener que decírselo, debería ser evidente» y te mostraremos un equipo que no es claro.[4]

Este libro va de aprender a ser un buen jefe, un gerente y un líder eficiente, tal vez incluso excelente. Espero que consigas tanto de este libro como yo he puesto en él. Para obtener más información sobre la gestión y el liderazgo, consulta mis más de 1 500 artículos en Inc.com (The Leadership Guy): https://www.inc.com/author/peter-economy.

¡Te deseo lo mejor en tu travesía como nuevo gerente!

4. Petrone, P.: «The Most Frustrating Thing a Boss Can Do Is…», *LinkedIn Learning*, 22 de octubre de 2018. [Disponible en: learning.linkedin.com]

PRIMERA PARTE

Así pues, ahora tú eres el jefe

Para añadir valor a los demás, primero hay que valorar a los demás.
—John Maxwell, autor y conferenciante sobre liderazgo

Convertirse en un nuevo gerente puede resultar una experiencia estresante y confusa para cualquiera que nunca haya supervisado o dirigido a otros empleados. Sin embargo, no tiene por qué ser así. Cualquiera puede convertirse en un gerente eficiente con las herramientas adecuadas y algo de experiencia. En esta primera parte, exploraremos los conceptos básicos para convertirse en un gerente eficaz y crear una organización de alto rendimiento. El temario incluye:

- Qué hacen los gerentes
- Establecer metas
- Medir y comunicar el desempeño de los empleados
- Crear una organización de aprendizaje
- Formar equipos y llevar a cabo el trabajo en equipo

1

Los gerentes hacen esto (y no aquello)

La gestión consiste en hacer las cosas bien;
el liderazgo, en hacer las cosas correctas.
PETER DRUCKER, gurú de la gestión

Durante mucho tiempo ha habido cierta controversia sobre qué hacen los gerentes y en qué difiere de lo que hacen los líderes, si es que difieren en algo. Esta controversia se puede resumir en la cita anterior del gurú de la gestión Peter Drucker.

Según Drucker, el trabajo del gerente es hacer *bien* cualquier tarea que se le asigne. En cambio, Drucker sugiere a continuación que el trabajo del líder es ser selectivo con respecto a las tareas que decide llevar a cabo: hacer sólo las *cosas correctas*. (Y, supongo, hacer bien estas cosas correctas).

Aunque entiendo el sentido de Drucker, personalmente no creo que la gestión y el liderazgo sean excluyentes. Los mejores gerentes que conozco son también los mejores líderes. Combinan ambos trabajos a la perfección, pasando de la gestión al liderazgo, y viceversa, según lo requiera la tarea en cuestión.

La palabra *gestión* se ha definido tradicionalmente como «hacer que el trabajo se haga a través de otros». Es el intríngulis de hacer funcionar un equipo, un departamento o una organización. El *liderazgo*, por otro lado, se considera algo un poco más emocional e inspirador. Lee estas citas sobre el poder del liderazgo:

Mi trabajo no es hacérselo fácil a la gente. Mi trabajo consiste en coger estas grandes personas que tenemos y hacerlas incluso mejores.

STEVE JOBS, cofundador de Apple

Gestionas las cosas; lideras a la gente.

ALMIRANTE GRACE MURRAY HOPPER, científica informática

La primera responsabilidad de un líder es definir la realidad. La última es dar las gracias. En medio, el líder es un sirviente.

MAX DE PREE, exdirector ejecutivo de Herman Miller

En este libro, te daré las herramientas que necesitas para convertirte tanto en un mejor gerente como en un mejor líder.

Para muchos de vosotros, convertirse en gerente puede haber supuesto toda una sorpresa. Es probable que un día estuvieras trabajando en tu propio proyecto en la oficina –un colaborador individual cualificado para tu equipo– y antes de que te dieras cuenta te asignaran para gestionar el mismo equipo. De repente, tu trabajo ha cambiado por completo. En lugar de simplemente hacer el trabajo, también debes motivar y liderar a otros para que lo hagan.

Lo más probable es que se espere de ti que aprendas a gestionar el trabajo sin ninguna formación en la gestión. Si es así, entonces probablemente te basarás en tu propia experiencia, buscando en tu propio jefe ejemplos y pistas sobre cómo ser un gerente. Es probable que también te fijes en otros gerentes para ver cómo gestionan y lideran a su gente y sus organizaciones.

También puedes aprender de primera mano de mentores o maestros cualificados las maneras correctas de gestionar personas, cómo hacer las cosas para tu organización y cómo atender adecuadamente a los clientes.

Pero del mismo modo que puedes aprender de otros las formas correctas de gestionar y liderar, también puedes aprender las formas incorrectas de gestionar a compañeros o equipos. Ninguna organización es perfecta, y se pueden encontrar ejemplos de mala gestión en todas partes: desde el supervisor que insiste en la microgestión hasta el jefe que no se comunica de manera adecuada con sus empleados.

Fíjate en los gerentes con los que te relacionas, tanto dentro de tu propia organización como en otras organizaciones. ¿Recurren a la intimidación y el miedo para obtener resultados? ¿Los empleados se muestran empoderados y activos en su trabajo, o, por el contrario, parecen desmotivados? Presta atención a lo que ves y piensa en las diferentes acciones que podrías llevar a cabo para conseguir los resultados deseados.

Si un gerente hace todo el trabajo que en un principio se le ha asignado a un empleado, o si un gerente intenta tomar todas las decisiones por su cuenta, entonces, no está siendo eficiente. Parte del trabajo de cualquier gerente es escalar su impacto en la organización. Esto se hace delegando responsabilidades y autoridad en los empleados y luego haciéndolos responsables del trabajo que se les ha asignado.

Antes de entrar en los detalles sobre cómo delegar el trabajo (tema que se aborda en el capítulo 7), echemos primero un vistazo a las cuatro cosas que hace todo buen gerente.

LAS CUATRO COSAS QUE TODO BUEN GERENTE HACE HOY EN DÍA

Si has hecho alguna clase sobre negocios en una escuela universitaria, puedes recordar las cuatro funciones «clásicas» de la gestión: planificar, organizar, liderar y controlar. La base de cómo un gerente desempeña su trabajo depende de estas cuatro funciones que pueden ayudarte en tus tareas de gestión diarias.

Sin embargo, creo que estas cuatro funciones clásicas de la gerencia no reflejan la realidad del nuevo lugar de trabajo, que se basa en una asociación completamente nueva entre trabajadores y gerentes. Hoy en día, esta asociación es mucho más colaborativa que en el pasado, con empleados y gerentes trabajando juntos para lograr los objetivos de la organización. Afortunadamente, la época en la que los gerentes llevaban la voz cantante sobre sus empleados e infundían miedo en el lugar de trabajo ha quedado atrás.

Éstas son las cuatro cosas que todo buen gerente hace hoy en día.

Empodera

¿Recuerdas la última vez que estabas intentando hacer una tarea y tu jefe te cuestionaba cada una de tus decisiones, mirándote constantemente por encima del hombro y preguntándote por qué hacías las cosas de ese modo? Este tipo de microgestión no obtiene lo mejor de los empleados.

Por el contrario, hace que se queden bloqueados: esperan que su jefe les dé indicaciones para cada movimiento que hacen. En lugar de estar comprometidos con su trabajo, los empleados desconectan. En el capítulo 14 veremos mucho más de cerca el lamentable estado actual del compromiso de los empleados.

Los mejores gerentes de hoy en día empoderan directamente a sus empleados mientras establecen una infraestructura corporativa (creación de equipos, formación en capacidades, etc.) y una cultura que respalda el empoderamiento. Ya sea que tus empleados digan o no que quieren empoderarse, es fundamental que crees un ambiente que permita e incentive que cada trabajador dé lo mejor de sí mismo en su puesto.

Motiva

Los gerentes saben cómo hacer que sucedan cosas buenas, para ellos mismos, para las personas que trabajan para ellos y con ellos, y para sus organizaciones. A menudo aportan potentes habilidades técnicas, capacidad organizativa y ética de trabajo a sus puestos de gerencia. Pero la única cualidad que transforma a los buenos gerentes en excelentes es ésta: saben cómo motivar a los demás.

¿Alguna vez has trabajado para alguien que sumaba a tu propia energía natural? Tal vez te llevó a un estado de energía superior y sacó lo mejor de ti creando y comunicando una visión inspiradora y convincente de lo que podría ser tu organización y cuál era tu papel dentro de ella.

Los mejores gerentes inspiran y estimulan a los empleados y compañeros de trabajo, liberando la energía natural que hay en ellos. No agotan la energía de una organización como hacen los malos gerentes, sino que la canalizan y la amplifican. Un gerente del siglo XXI sabe cómo transmitir con éxito el entusiasmo que siente por su empresa y sus objetivos a los empleados, de maneras que puedan ser entendidas y apreciadas.

Comunica

Es posible que ya conozcas de primera mano el tipo de efectos positivos que se crean para una empresa cuando los gerentes saben cómo comunicarse de manera efectiva con sus empleados. Por el contrario, también puedes estar familiarizado con los efectos negativos que pueden ocurrir cuando un gerente no se comunica bien y de manera efectiva. Cuando los gerentes no se comunican de manera efectiva –ya sea para asignar, hacer un seguimiento de los detalles del proyecto o establecer expectativas–, se están olvidando de un rol de la gestión de importancia vital y potencialmente están reduciendo el compromiso de los empleados.

La comunicación, la savia de cualquier organización, es una función clave del gerente moderno. Con la velocidad de los negocios en constante aceleración, los gerentes deben comunicar información a los empleados más rápido que nunca. De hecho, con los avances tecnológicos actuales, los gerentes disponen de una gran variedad de formas de comunicarse con sus empleados y transmitir sus mensajes: correo electrónico, mensajes de texto, tweets o videoconferencias, entre otras muchas.

Apoya

Tu papel como gerente no es vigilar a tus empleados, sino apoyarlos. En lugar de ser un perro guardián o un oficial de policía, un gerente debe convertirse en un *coach* y un animador para sus empleados, inspirándolos a lograr más y mejor de lo que jamás imaginaron.

Los gerentes incentivadores saben que no se trata sólo de destacar sus propios logros. No buscan la atención de todo el mundo. En cambio, destacan los logros de sus trabajadores, brindándoles la formación y los recursos necesarios, así como la autoridad requerida para tomar sus propias decisiones y realizar su cometido.

Claro, su gente puede cometer errores de vez en cuando, pero a fin de cuentas, ¿cómo se aprende sin cometer errores? Esto es lo fundamental: si el empleado cae, los gerentes de hoy en día tienden una mano amiga y lo ayudan a levantarse.

¿QUÉ ESTILO DE GESTIÓN DEBERÍAS ADOPTAR?

Más que en la mayor parte de los puestos, la forma en que eliges hacer tu trabajo como gerente puede tener, y a menudo lo tiene, un gran efecto sobre las personas que te rodean. Un estilo de gestión, por ejemplo, podría inspirar, emocionar e involucrar a tus empleados, mientras que otro estilo podría hacer que éstos desconecten y tiren la toalla. Como consecuencia, es fundamental elegir sabiamente tu estilo de gestión.

Piensa en cómo se las apañaban tus gerentes o tus jefes anteriores. ¿Qué estilo empleaban en el trabajo? ¿Cómo te hizo sentir el enfoque que eligieron? ¿Y a tus compañeros? ¿Sacaron lo mejor de ti y de aquellos con quienes trabajaste, o, por el contrario, hicieron que te cerraras en banda?

Echemos un vistazo a tres estilos diferentes de gestión.

El estilo de gestión de la teoría X

¿Crees que la gestión es algo que le haces *a* la gente, en lugar de algo que haces *con* la gente? Si es así, puede que te identifiques con lo que comúnmente se denomina *gestión de la teoría X*. Este enfoque de gestión asume que las personas no están particularmente motivadas por sí mismas para desempeñar su trabajo. Como resultado de ello, los gerentes que creen en este estilo pueden utilizar la intimidación y el miedo como medio para obtener una respuesta y resultados.

De todos modos, ten cuidado. Aunque las amenazas y los ultimátum pueden provocar el cumplimiento a corto plazo, casi siempre acaban provocando una disminución del desempeño a largo plazo. Los empleados que han sufrido durante mucho tiempo renuncian y buscan nuevos trabajos, o, quizás peor aún, tienen un bajo rendimiento crónico y se jubilan en el lugar de trabajo.

Los gerentes deben tomar el mando de sus organizaciones –es una parte importante del trabajo–, pero de una manera que no ahogue a los empleados ni los desvincule de su cargo. Por lo tanto, asegúrate de que las personas sean responsables de los resultados y de que se alcancen los objetivos. Pero recuerda mantener el respeto y una comunicación clara con tu plantilla. Después de todo, la mayoría de los empleados que dejan sus puestos lo hacen a causa de las acciones negativas de su gerente o de su supervisor directo.

El estilo de gestión de la teoría Y

Algunas personas creen que la *gestión de la teoría Y* es el mejor enfoque que pueden adoptar los gerentes. Este enfoque asume que las personas básicamente quieren hacer bien su trabajo y siempre se puede y se debe confiar en que lo harán. El gerente que se adhiere a este estilo es sensible a los sentimientos, el sentido de autoestima y la tranquilidad de un empleado.

Como gerente, puedes conseguir una respuesta con este enfoque, pero no es probable que obtengas los mejores resultados posibles de manera constante. ¿Por qué? Porque siempre habrá alguien (tal vez más de una persona) que se aproveche de los jefes que adoptan el estilo de gestión de la teoría Y. Es posible que algunos empleados constantemente lleguen tarde al trabajo, digan que están enfermos, no cumplan sus objetivos y, en general, holgazaneen. Si no corriges el comportamiento de estos empleados, conducirás a tu organización al fracaso.

Equilibrar la teoría X y la teoría Y

Al decidir qué estilo de gestión adoptar, ten en cuenta que el equilibrio es clave. El estilo de gestión que adoptes puede ser situacional, es decir, puede (y debe) cambiar según la situación o la persona con la que estés tratando. Ser un gerente equilibrado significa eliminar los obstáculos de la empresa, crear un ambiente de trabajo que permita a los empleados alcanzar sus objetivos y dedicar más tiempo y energías a uno de tus objetivos más importantes: inspirar a todo el mundo a dar lo mejor de sí.

Pero también significa hacer un seguimiento del progreso de los empleados hacia el logro de los objetivos, reunirse periódicamente con ellos para determinar por qué no están logrando sus objetivos y ayudarlos a corregir su desempeño. Los empleados deben ser responsables de su desempeño, y tú, como gerente, debes obligarlos a cumplir los compromisos que han hecho contigo, con tu organización, con tus clientes y con otras partes interesadas.

En última instancia, quieres que en tu organización todo el mundo sienta que está ganando. Una vez que des un paso atrás para dejar que tus empleados hagan su trabajo, podrás hacer frente a los problemas organizacionales de tu empresa (por ejemplo, obstáculos burocráticos, sistemas desfasados, malas políticas, etc.). Aunque algunos empleados pueden sentirse obligados a competir con sus compañeros por un trozo del pastel, tu trabajo sencillamente consiste en crear un pastel más grande para que todos lo disfruten.

LAS CLAVES PARA SER UN MEJOR GESTOR

Si has sido seleccionado para convertirte en un nuevo gerente, es probable que tengas algún tipo de experiencia en las áreas que se te piden que administres. Por ejemplo, podrías ser un cajero de banco seleccionado para supervisar a otros cajeros de banco, o podrías ser un programador de *software* al que se le asigna el trabajo de liderar un equipo de proyecto.

Una vez hacedor, ahora eres responsable de ser un buen gestor de hacedores. Como puedes imaginar, esto en realidad requiere un conjunto de habilidades completamente diferente que cuando tenías que hacer la tarea por tu cuenta. Por ejemplo, deberás aplicar habilidades de organización, planificación y liderazgo. Para comprender mejor qué implica tu nuevo rol, a continuación, te muestro las claves para ser un mejor gerente.

Mantener una mente abierta

Las compañías que emplean la antigua forma de hacer negocios –una que es jerárquica y no alienta a los empleados a presentar sus ideas y sugerencias para su consideración– no tienen ninguna posibilidad ante las organizaciones que valoran la innovación y la apertura a las ideas. Nunca se sabe de dónde vendrán las mejores ideas y, a menudo son las personas más cercanas a los clientes las que presentan las mejores ideas para abordar sus necesidades. Anima a tu personal a experimentar, correr riesgos, cambiar las cosas y buscar mejores formas de servir a los demás. Ábrete a nuevos procedimientos y posibilidades. Cuando hagas esto, tus empleados pondrán se esforzarán más, y como resultado tu organización y tus clientes se beneficiarán.

Tomarse el tiempo necesario para decidir bien

Todos los negocios requieren que se tomen decisiones casi constantemente. Algunas decisiones –por ejemplo, si un empleado debe comenzar su descanso en diez minutos o en quince minutos– pueden tener poco impacto sobre el negocio en su conjunto. En cambio, otras –por ejemplo, embarcarse o no en una adquisición multimillonaria de un competidor clave– tendrán un gran impacto a largo plazo sobre el negocio y sus empleados, los clientes, los proveedores, los accionistas, las comunidades y otras partes interesadas. La buena toma de decisiones es una habilidad comercial esencial que, lamentablemente, la mayoría de las personas adquieren sólo a través de ensayo y error en lugar de a través de una formación práctica.

Tu trabajo como gerente es tomar decisiones. Algunas de las peores decisiones se toman cuando se tiene demasiada prisa. Los gerentes eficientes se toman su tiempo antes de decidirse. No recurren a soluciones demasiado rápidas y se aseguran de considerar siempre sus opciones. Las soluciones de gestión pueden tender a ser de sentido común, pero lo que es desafiante y requiere mucho tiempo es transformar el sentido común en una práctica común.

Crear una cultura de empoderamiento

La línea entre gerentes y empleados antaño estaba claramente trazada, a menudo mediante el empleo del miedo y la intimidación. Pero el panorama del nuevo ambiente empresarial implica cambios a una escala mayor, si no global. Como resultado de ello, los empleados de todos los niveles –no sólo de los más altos–asumen ahora responsabilidades que antaño se consideraban competencia exclusiva de los supervisores y gerentes. Cuando crees una cultura de empoderamiento en tu organización, liberarás la energía y el compromiso de cada uno de tus empleados, al tiempo que los alentarás para que den lo mejor de sí de manera constante.

Construir y mantener la confianza

La confianza es una vía de doble sentido. Como gerente, debes confiar en que tu equipo hará un buen trabajo. Y tus empleados necesitan saber que pueden confiar en ti para velar por sus mejores intereses.

Cuando construyas puentes de confianza con tus trabajadores, se implicarán en sus tareas, estarán dispuestos a asumir riesgos, aportarán sugerencias y harán avanzar a tu organización. Si deseas que tu negocio sobreviva y prospere en el futuro (y estoy seguro de que así es), la confianza es la base sólida sobre la cual construirlo. Sólo asegúrate de controlar el desempeño de los empleados y el progreso hacia la consecución de los objetivos. Confía, pero verifica.

2

Es el momento de establecer algunos objetivos

Hecho es mejor que perfecto.
SHERYL SANDBERG, directora de operaciones de Facebook

¡El mundo es tuyo! Puedes ir a cualquier parte. De hecho, si no haces absolutamente nada, igual irás a alguna parte.

Este mundo abierto de posibilidades puede parecer atractivo al principio. Pero como gerente, no quieres ir a *cualquier parte*, sino que quieres llegar a un lugar de importancia y significado con tu liderazgo, quieres ir a *alguna parte*. Para que esto suceda, lo primero que debes hacer es decidir hacia dónde quieres que vaya tu organización. Lo siguiente que debes procurar es formular planes para llegar allí.

Supongamos que pretendes crear un nuevo producto que esperas que ganará una considerable cuota de mercado un año después de su lanzamiento. ¿Qué tipo de plan te ayudará a lograr los resultados deseados? ¿Un enfoque sin perfilar con poca o ninguna planificación? ¿Una plegaria? ¿O un plan estructurado y orientado a objetivos? (Yo invertiría mi dinero en la última opción).

¿Todavía tienes dudas de cuál es la respuesta correcta? Tal vez necesites un recordatorio sobre la importancia de los objetivos. Éstos son los motivos principales por los que necesitas establecer objetivos para llegar a un lugar significativo.

Los objetivos hacen que tu visión sea real. Cualquiera que sea tu visión, tendrás que llegar a ella tras dar múltiples y pequeños pasos.

No esperes anunciar tu gran visión un lunes y lograrla en veinticuatro horas. Si deseas lograr tu visión, primero debes establecer y conseguir una serie de objetivos pequeños antes de ver grandes resultados.

Los objetivos conducen a un propósito. Ofrece a tus empleados algo por lo que trabajar. Los *objetivos ambiciosos* (los que van más allá de los niveles normales de desempeño de los empleados) motivarán a tus trabajadores, los desafiarán y los obligarán a estar a la altura de las circunstancias cuando se requiera un esfuerzo adicional para lograrlos.

Los objetivos te ayudan a medir el progreso. ¿Cómo puedes saber dónde estás si no sabes dónde has estado y adónde vas? Los objetivos son como puntos de interés en un mapa. A medida que llevas a cabo tu travesía hacia tu destino final, te indican cuán lejos tienes que ir y cuán lejos ya has llegado.

Los objetivos ayudan a tu equipo a saber qué se supone que debe hacer. Comenta los objetivos con tus empleados para que todo el mundo entienda cómo utilizar sus fortalezas para ayudar a llegar allí. Aclarar las tareas, decidir quién maneja qué tareas y determinar las expectativas de los trabajadores son todos los pasos necesarios que debes tomar como gerente. Todos se pueden conseguir simplemente estableciendo objetivos con tu gente.

Los objetivos dan dirección a tu organización. Cuando estableces un objetivo, estás ayudando a guiar a tu organización hacia dónde quieres ir. A medida que traduces tu visión en objetivos, te aseguras de no perder incontables horas en un camino que no deseas recorrer.

Para que los objetivos sean efectivos, deben vincularse directamente contigo y con el que decidas que debe ser el destino final de tu equipo. Para permanecer por delante de la competencia, las organizaciones crean visiones convincentes impulsadas por objetivos que los empleados y la gerencia trabajan juntos para establecer y lograr.

Recuerda, los mejores objetivos comparten las mismas características:

- Son alcanzables, pero aun así desafían a todos los implicados.
- Son claros en cuanto a su propósito, definidos y detallados, y son específicamente pocos en número.
- Involucran a otras personas. ¡Ningún objetivo en una organización puede ser alcanzado por una única persona! Involucra a otros en tu equipo para que se comprometan y colaboren en el establecimiento y el logro de objetivos. Hacerlo colocará a tu organización en la primera línea hacia el éxito.

OBJETIVOS SMART FRENTE A OBJETIVOS CLEAR[1]

El acrónimo inglés de objetivos SMART ha sido utilizado por empresarios durante décadas para describir las características de los mejores objetivos, tanto laborales como personales. Esencialmente, el acrónimo SMART nos brinda una manera sencilla de recordar e implementar los elementos más importantes y necesarios para que un objetivo sea efectivo.

Esto es lo que significa SMART:

Específico (*Specific*): Los objetivos no deben ser ambiguos, sino muy claros.

Medible (*Measurable*): Debes poder medir los resultados de alguna manera; por ejemplo, el número de nuevos clientes cada mes o el porcentaje de realización de una tarea específica.

Alcanzable (*Attainable*): Los objetivos deben ser prácticos y realistas, y deben ser alcanzables por el empleado medio.

1. En inglés, *smart* se puede traducir por «inteligente», mientras que *clear* se puede traducir por «claro», *(N. del T.)*

Relevante (*Relevant*): La visión general de tu organización debe estar relacionada con tus objetivos.

De tiempo limitado (*Time-bound*): Los objetivos tienen una duración fija y un comienzo y un final definidos.

Sabemos que se supone que los objetivos SMART te guiarán en la dirección de todo lo que esperas lograr al pedirte que seas absolutamente claro sobre aquello que estás tratando de conseguir.

Sin embargo, los objetivos SMART no se ido poniendo al día, y un número cada vez mayor de empresarios, así como también, sorprendentemente, de medallistas de oro olímpicos, se están dando cuenta de esto.

Adam Kreek, conferenciante motivacional y miembro del equipo canadiense de remo que ganó la medalla de oro en los Juegos Olímpicos de Beijing 2008, sabe mucho sobre cómo establecer objetivos. Adam, ahora emprendedor, cree que, dado que la mayoría de las empresas ahora se encuentran en un entorno más ágil y rápido, el lugar de trabajo de hoy en día requiere un nuevo método para establecer objetivos.

Con el fin de proporcionar un marco de acción, Adam desarrolló la idea de objetivos CLEAR:

Colaborativo (*Collaborative*): Los objetivos deben incentivar a los empleados a trabajar en colaboración y en equipo.

Limitado (*Limited*): Los objetivos deben ser limitados tanto en alcance como en duración.

Emocional (*Emotional*): Los objetivos deben crear una conexión emocional con los empleados, accediendo a su energía y su pasión.

Apreciable (*Appreciable*): Los grandes objetivos deben dividirse en objetivos más pequeños para poder lograrlos más rápida y fácilmente para una consecución a largo plazo.

Refinable (*Refinable*): A pesar de que han de ser firmes y sólidos, los objetivos deben poderse precisar y modificar a medida que surjan nuevas situaciones o más información.[2]

Si deseas ver resultados exitosos con respecto a tu establecimiento de objetivos, debes asegurarte de adaptarte a las aguas cambiantes de los nuevos mercados vertiginosos que estamos viendo en el mundo empresarial actual. En el futuro, considera utilizar el enfoque CLEAR de Adam Kreek para establecer objetivos. Estoy seguro de que experimentarás resultados positivos cuando lo hagas.

LOS MEJORES OBJETIVOS SON CORTOS Y DULCES

¿La siguiente situación te muestra una imagen familiar?

Imagínate que tú y tu equipo de gestión habéis programado varios días completos dedicados exclusivamente a la elaboración de estrategias a largo plazo.

Planeáis horas y horas para reuniros, tirándoos de cabeza y de corazón a desarrollar un plan infalible. Todo el mundo habla de acortar el plazo de entrega de proyectos y de aumentar la calidad del servicio al cliente. Cada miembro del equipo intenta responder las mismas preguntas: ¿Cuáles son los objetivos de la organización? ¿Cómo sabrá la organización que se han alcanzado los objetivos?

Cuando se termina la última reunión de planificación, tú y tus gerentes os felicitáis mientras os dais palmaditas en la espalda por la labor bien realizada. Sin embargo, y a pesar de todo este arduo trabajo, en poco tiempo la reunión se olvida y el negocio continúa como de costumbre.

No dejes que tus esfuerzos sean en vano. Cuando dediques tiempo y energía a establecer objetivos, asegúrate de mantenerlos en un número realista. Simplemente, no hay forma de que puedas concentrarte en más de unos pocos objetivos, no es posible. Si el número de objetivos

---

2. Economy, P.: «Forget SMART Goals—Try CLEAR Goals Instead», *Inc.*, 3 de enero de 2015. [Disponible en: www.inc.com]

que tienes es manejable y te centras en unos pocos a la vez, podrás lograrlos antes de pasar a los siguientes.

Cuando se trata de establecer objetivos, menos es más.

Pero ¿cómo sabes que está seleccionando los objetivos correctos para tu organización? ¿Cuál es el número adecuado de objetivos? Estas pautas te ayudarán a proporcionar las respuestas a estas preguntas:

Céntrate en dos o tres objetivos. Aunque vivimos en un mundo multitarea, aún no es posible hacer todo a la vez y sería una locura esperar que tus empleados lo hagan. Basta con que intentes completar unos pocos objetivos a la vez, porque establecer demasiados diluirá los esfuerzos tanto tuyos como los de tu personal, lo que conducirá a resultados mediocres.

Elige objetivos relevantes. Hay un límite de tiempo en la jornada laboral, así que centra tus esfuerzos en aquellos objetivos que tendrán la mayor recompensa para tu negocio. Selecciona los que te acercarán a lo que visualizas para conseguir el éxito de la compañía.

Céntrate en la misión de tu organización. Algunos objetivos son interesantes, divertidos, desafiantes y tentadores. Pero, si estos mismos son totalmente irrelevantes para la misión de tu organización, no les dediques tiempo. Concentra tus esfuerzos y los de tu equipo únicamente en objetivos que contribuyan a lograr tu misión.

Revisa tus objetivos y actualízalos cuando sea necesario. Los negocios son impredecibles y están sometidos a muchos cambios, por lo que es fundamental evaluarlos periódicamente. Programa revisiones trimestrales o semestrales. Si es necesario, revisa los objetivos de la compañía, porque deberás asegurarte de que sigan siendo relevantes e importantes para su funcionamiento, no sólo en el presente, sino también en el futuro.

Establecer objetivos y pensar en el futuro puede resultar emocionante. Pero cuando nos emocionamos demasiado con los objetivos, podemos crear demasiados, abrumando al personal y a nosotros mismos. Recuerda que el éxito en la gestión implica hacer frente a las oportunidades y los desafíos diarios, no medir un éxito tras otro. Mejora tu organización concentrando tus esfuerzos en unos pocos objetivos importantes, en lugar de muchos.

TRANSMITE LOS OBJETIVOS A TUS EMPLEADOS

¿Cuán efectivo puede ser realmente un objetivo si nadie lo conoce? Si deseas conseguir un objetivo de manera rápida y exitosa, debes informar a los demás de cuál es ese objetivo para que puedan ayudarte a lograrlo. Esto también es cierto en el lugar de trabajo. A medida que comuniques tus objetivos a tus trabajadores, asegúrate de que se comuniquen claramente, de que se entiendan y de que todo el mundo los cumpla.

Además de comunicar los objetivos de tu organización, es imperativo que también comuniques la visión de tu organización: una imagen del horizonte distante para el que todos estáis trabajando. Puedes comunicarla con la mayor frecuencia posible, a toda tu organización y a una amplia audiencia de personas (por ejemplo, proveedores, clientes, empleados, etc.).

Sin embargo, las organizaciones fallan de diversas formas. A veces, los gerentes dedican tanto tiempo a desarrollar una visión de la compañía que se cansan de ella y la retratan aburrida y sin vida. Otras veces, las organizaciones tardan en comunicar la visión, lo que la vuelve obsoleta cuando finalmente llega a los empleados de primera línea.

Muestra que te preocupas por la visión comunicando los objetivos con un sentido de urgencia y energía. He aquí algunas formas en que las empresas suelen comunicar una visión a los empleados y al público:

- Afirmar orgullosamente resúmenes de la visión en sitios web corporativos u otras redes sociales.

- Marcar su visión en elementos tangibles tales como chapas identificatorias, tarjetas de presentación, carteles, etc.

- Celebrar reuniones generales para los empleados y revelar la visión en presentaciones sugestivas.

- Hacer que los gerentes mencionen la visión en las reuniones o durante las entrevistas de contratación.

En comparación con las visiones, en realidad, los objetivos están más adaptados a empleados y departamentos específicos. Utiliza medios más directos y formales para comunicarlos. He aquí algunos consejos:

- Guarda los objetivos por escrito.

- Presenta y asigna objetivos en reuniones de tú a tú o cara a cara con tus empleados.

- Reúne al equipo en un espacio para introducir objetivos, explicando el rol del equipo, así como el de cada individuo. Asegúrate de que todas las partes involucradas conozcan sus responsabilidades para lograr el objetivo.

- Adquiere el compromiso de los empleados para trabajar en pro de los objetivos y pídeles que preparen y presenten planes y cronogramas. Comprueba el progreso y ofrece ayuda ante cualquier problema.

3

¿Quieres asegurarte de que los empleados cumplen? Mide y comunica

En la mayoría de los casos, ser un buen jefe significa contratar a personas talentosas y dejarles el camino libre.
TINA FEY, actriz

En última instancia, tu trabajo como gerente –ya seas nuevo o veterano– consiste en hacer que las cosas se hagan a través de otros. Para ello, contrata a grandes personas, establece objetivos con ellas y luego apártate de su camino. Si logran sus objetivos, entonces han demostrado que tienen lo necesario para desempeñar el trabajo. Así pues, podrás asignarles más tareas y darles mayor responsabilidad y autoridad, sabiendo que cumplirán y tendrán éxito.

Sin embargo, si por alguna razón no logran sus objetivos, tendrás un problema.

La pregunta es: ¿por qué no han logrado sus objetivos? ¿Hay algún obstáculo organizativo en el camino? ¿El presupuesto es insuficiente? ¿A tus empleados les falta la formación necesaria para realizar bien la tarea? ¿Los trabajadores de otro departamento están poniendo obstáculos que deberás eliminar?

Hoy en día en el mundo de los negocios oirás a menudo la palabra *ejecución*. En los negocios, la ejecución se refiere a seguir y completar con éxito una tarea. Esencialmente, la ejecución consiste en transformar los objetivos en acción. Pero, ¿cómo verificas tú, como gerente, el progreso de un empleado en la ejecución de los objetivos? ¿Cuál debería ser tu primer paso?

En primer lugar, debes averiguar cómo es el éxito. ¿Cómo se puede cuantificar un objetivo de una manera que sea precisa y medible? Es importante medir el desempeño en términos de cantidad, ya que esto elimina la confusión de los empleados sobre la calidad de su desempeño o si necesitan mejorar. Cuando cuantificas los objetivos, te aseguras de no dejar nada a la imaginación. Por otro lado, deja claro a los supervisores y empleados cómo es la ejecución de objetivos.

La naturaleza de un objetivo determina cómo se monitorea y se mide su cumplimiento por parte de un empleado. Los objetivos se pueden medir en términos de unidades producidas o entrega del producto (por ejemplo, una propuesta de ventas o un informe) o en términos de tiempo. Por ejemplo, supón que tu objetivo es comenzar a publicar un boletín informativo mensual de la compañía antes de que finalice el tercer trimestre. Mide la finalización de este objetivo utilizando la fecha específica en la que el boletín se implementa con éxito. Si tu año va de enero a diciembre y el boletín se publica en septiembre, entonces el objetivo se ha cumplido con éxito; en cambio, si la publicación del boletín se retrasa hasta diciembre, el objetivo no se ha logrado con éxito, ya que el boletín se ha publicado en el cuarto trimestre, no en el tercero.

Reconocer el progreso incremental de un empleado con relación a un objetivo es tan importante como saber cuándo el empleado lo alcanza. Supongamos que el objetivo es que los vendedores de tu planta aumenten la cantidad media de artículos vendidos de sesenta a cien al día. Haz un seguimiento del progreso de las ventas y publica resúmenes semanales de los recuentos de transacciones diarias de cada empleado. Entonces, elogia el progreso de los empleados a medida que se acercan al objetivo final.

He aquí el secreto para medir y monitorear el progreso y el desempeño de los empleados: dar retroalimentación positiva. Esto incentiva a tus empleados a continuar con el comportamiento que deseas; en cambio, dar retroalimentación negativa sólo desincentiva el comportamiento que no deseas. A continuación, te doy algunos ejemplos:

- En lugar de contar los envíos atrasados, cuenta los envíos realizados.

- En lugar de contar los días que los empleados han estado enfermos, cuenta los días que se han encontrado bien.

- En lugar de medir el número de piezas defectuosas, mide el número de piezas correctamente ensambladas.

Con respecto a si deberías hacer que la retroalimentación de desempeño de tus empleados fuera pública o privada, publica en abierto la retroalimentación grupal para que todo el mundo la pueda ver. Es más probable que consigas los resultados deseados si mantienes como privadas las mediciones de desempeño individual y como públicas las de desempeño grupal (promedio de días tarde, ingresos totales, etc.). A fin de cuentas, tu objetivo es conseguir que tu equipo trabaje conjuntamente para mejorar. De todos modos, procura no avergonzar a los empleados de forma individual cuando tengan que mejorar. En vez de ello, enséñales y aconséjales en privado para inspirarles un mejor desempeño. Ellos lo apreciarán.

ELABORACIÓN DE MEDIDAS DE DESEMPEÑO

Si no puedes medir y monitorear los objetivos de manera efectiva, ¿cómo los alcanzaréis tu o tus empleados? (Pista: no podréis). Cuando diseñes un sistema para medir el desempeño de los empleados en relación con los objetivos, hay cuatro cosas clave a las que debes prestar atención: hitos, acciones, relaciones y calendarios.

Hitos

Todo objetivo debe tener un punto de partida, uno de finalización y otros intermedios que permitan medir el progreso. Los puntos de control, los marcadores y los eventos pueden actuar como *hitos* que os indican a ti y a tus empleados cuánto habéis progresado y cuánto más debéis avanzar para alcanzar los objetivos deseados.

Por ejemplo, supón que estableces un objetivo de realizar un evento corporativo en tres meses. El cuarto hito en el camino hacia tu objetivo final de realizar el evento es enviar un depósito de garantía para un recinto a más tardar el 5 de marzo. Si el depósito se envía el 28 de febrero, sabrás de forma rápida y segura que la planificación del evento va adelantada.

Acciones

Las *acciones* son las actividades específicas que realiza un empleado para pasar de un hito al siguiente. Cada acción hace que los empleados se acerquen cada vez más a alcanzar hitos en el camino hacia la consecución del objetivo. En el ejemplo anterior de un evento corporativo, alcanzar el cuarto hito puede requerir las siguientes acciones:

- Búsqueda de lugares disponibles en el área seleccionada.
- Creación de una hoja de cálculo que compare las características y los costes del recinto.
- Envío del presupuesto del evento a un gerente.

Relaciones

Los hitos y las acciones interactúan entre sí a través de las *relaciones*, lo que da forma a la secuencia y el orden adecuados de las actividades que necesitas realizar para lograr el objetivo. Aunque no siempre se requiere una secuencia, completar determinadas acciones antes que otras puede conducir a un logro de objetivos más rápido y efectivo.

En la lista anterior de acciones necesarias para alcanzar el cuarto hito del proyecto, quieres que los empleados envíen un presupuesto del evento con costes sólo después de que se hayan investigado y comparado los recintos disponibles. Luego, estas acciones conducirán a la selección del recinto y la presentación del depósito de garantía.

Calendarios

Asegúrate de determinar cuán separados deben estar los hitos y cuánto tiempo debe llevar completar un proyecto determinado. Estima el *ca-*

lendario de cada acción para planificar mejor y establecer un marco de tiempo adecuado para la finalización del proyecto. ¿Cuánto tiempo debería llevar preparar informes de gastos razonablemente precisos? ¿Es largo el proceso de planificación de las reuniones necesarias? Es importante responder preguntas como éstas cuando sopesas cómo cumplir los hitos a tiempo.

¿POR QUÉ COMUNICAR EL DESEMPEÑO A LOS EMPLEADOS?

Llevar a cabo con cierta regularidad evaluaciones formales de desempeño para los empleados puede parecer una parte aburrida o no tan divertida del trabajo de un gerente, pero es absolutamente esencial. Todos necesitamos retroalimentación para saber si nos estamos desempeñando bien y para identificar puntos en los que debemos mejorar.

Considera estas oportunidades que surgen de manera natural del proceso de evaluación del desempeño:

Una oportunidad para hablar sobre el desempeño pasado y futuro: Los empleados quieren saber si están haciendo un buen trabajo. Con las evaluaciones formales de desempeño, se alienta a los gerentes (algunos dirían que se les obliga) a comunicar tanto las expectativas de desempeño como los resultados, buenos y malos.

Una oportunidad para el desarrollo profesional y la planificación de objetivos: Las discusiones sobre el desarrollo profesional pueden tener lugar en un foro separado, pero la evaluación del desempeño es un buen momento para hablar de las fortalezas (y las debilidades) de los empleados, y cómo éstos pueden utilizarlas para impulsar futuros hitos y objetivos profesionales.

Una oportunidad para elaborar una documentación formal: Los empleados pueden recibir retroalimentación sobre el desempeño, pero a menudo es informal. «¿En serio? ¿Has enviado ese informe?». La mayor parte de la retroalimentación informal es verbal y no documentada. Si pretendes despedir o ascender a un empleado, es crucial que respaldes la decisión con la mayor cantidad de documentación formal y escrita que puedas.

Una oportunidad para la comunicación y la explicación: A veces, tanto los gerentes como los empleados están demasiado ocupados con las tareas diarias para establecer y comunicar adecuadamente las expectativas de los empleados. Las evaluaciones de desempeño brindan al empleador y al empleado la oportunidad de comparar notas y priorizar lo que se debe hacer.

CÓMO REALIZAR UNA EVALUACIÓN DE DESEMPEÑO EXCELENTE

Desafortunadamente, muchos gerentes consideran las evaluaciones de desempeño como algo que debe hacerse lo más rápido posible, o posponerse el mayor tiempo que se pueda. Sin embargo, cuando los gerentes completan estas evaluaciones demasiado rápido, no son minuciosos en la evaluación de los empleados. El resultado es una retroalimentación de desempeño imprecisa, incompleta y sin sentido. Y cuando este ejercicio crítico de gestión se hace a medias, los empleados no pueden mejorar en sus trabajos y es posible que nunca se completen los objetivos que los gerentes han establecido para sus organizaciones.

El proceso de evaluación del desempeño va más allá de los aspectos más formales y escritos del mismo: no es necesario ver las evaluaciones como una carga aburrida de la que debes deshacerte al final de cada trimestre o de cada año. Sí, hacer evaluaciones de desempeño indudablemente es un trabajo, pero cuando lo haces –y lo haces bien–, la recompensa puede ser considerable.

He aquí cuatro pasos para realizar excelentes evaluaciones de desempeño:

Paso 1: Establece estándares y objetivos. Después de establecer objetivos y expectativas con los empleados, debes comunicarlos claramente antes de evaluar las tareas de los empleados, no después. Comunícales los estándares tan pronto como comiencen a trabajar.

Paso 2: Brinda retroalimentación específica de manera continua. La retroalimentación es más efectiva cuando se da con regularidad. Si ves que tus empleados están haciendo algo bien, infórmales en ese preciso momento. Y lo mismo ocurre si están haciendo algo mal. En última instancia, deseas eliminar las sorpresas de las evaluaciones formales de desempeño aportando una retroalimentación clara y regular.

Paso 3: Prepara evaluaciones de desempeño escritas y formales con tu empleado. La evaluación formal de desempeño debe resumir las expectativas y los objetivos para el empleado. Para que sea un proceso más atractivo, haz que los empleados terminen sus propias evaluaciones de desempeño en paralelo a las que tú estás preparando. Luego, en la reunión de evaluación de desempeño, discute las similitudes y las diferencias entre sus comentarios y los tuyos. Cuando te reúnas personalmente con los empleados para hablar sobre las evaluaciones de desempeño, ellos apreciarán el toque personal.

Paso 4: Establece nuevos estándares y objetivos. Las evaluaciones de desempeño te brindan la oportunidad de revisar qué está yendo bien y qué no. En función de tus descubrimientos, podrás establecer nuevas expectativas y nuevos objetivos para el próximo período de revisión.

A continuación, te doy algunos consejos útiles que debes tener en cuenta como gerente:

- Elimina las sorpresas comunicándote a menudo con los empleados, especialmente cuando se trata de ofrecerles retroalimentación informal.

- Mira al futuro con tu proceso de evaluación del desempeño y asegúrate de hablar sobre el aprendizaje y el desarrollo.

- Céntrate en mirar hacia adelante en lugar de mirar hacia atrás. Haz hincapié en establecer nuevos objetivos y mejorar el desempeño futuro, porque los empleados no pueden cambiar el pasado. En cambio, sí pueden aprender de él y mejorar.

HACER EL TRABAJO DE PREPARACIÓN CORRECTO

No todas las evaluaciones del personal reciben el tiempo y la atención que merecen. En realidad, evaluar el desempeño de los empleados es un trabajo de todo el año, no sólo un formulario de tres páginas que se rellena una vez al año. Pero algunos gerentes aún no escriben evaluaciones significativas y esclarecedoras, y otros transforman estas importantes reuniones en presentaciones unidireccionales en lugar de conversaciones bidireccionales.

Así pues, debes prepararte como corresponde para este importante ejercicio de gestión.

Evita los errores de evaluación tan comunes y probablemente sacarás el máximo provecho de las evaluaciones de desempeño, tanto para ti como para tus empleados.

Comparación: El desempeño de un empleado debe evaluarse por sí solo. Ten cuidado al cualificar a dos empleados simultáneamente, ya que, por comparación, el desempeño elevado de un empleado puede hacer que el desempeño de otro se vea más bajo de lo que en realidad es.

Imitación: Seamos realistas. Tendemos a querer a aquellos que más se parecen a nosotros. Si prefieres a un empleado que tiene los mismos intereses, hobbies o aversiones que tú, quizá es que estás evaluando de una forma que no es tan justa como debería ser. Asegúrate de evitar el favoritismo que acompaña a la imitación.

Buen chico/buena chica: La época de evaluación no es un momento agradable para algunos gerentes. ¿Quién disfruta reconociendo los defectos de sus empleados y comentándolos? Pero recuerda, los empleados necesitan escuchar lo bueno y lo malo. De lo contrario, no mejorarán.

Efecto halo y efecto de recencia: A veces, un empleado puede ser fenomenal en un área determinada de desempeño, lo que te tienta a ignorar los problemas que pueda tener en otras áreas (*efecto halo*). Por otra parte, puedes sentirte tentado a permitir que un área problemática o un caso de desempeño insuficiente afecte negativamente a la forma en que consideras el desempeño global de un empleado (*efecto de recencia*). No permitas que estos efectos influyan en cómo evalúas a tus trabajadores.

4

Regreso a la escuela: Crea una organización de aprendizaje

El éxito en la gestión requiere aprender tan rápido como el mundo cambia.
WARREN BENNIS, experto en liderazgo

No es ningún secreto que el entorno empresarial actual está cambiando más rápido que nunca. Esto significa que debemos aprender más rápido que nunca para mantenernos al día, y adelantarnos a todo ese cambio. Vivimos y trabajamos en un mundo en el que reinan la volatilidad, la incertidumbre, la complejidad y la ambigüedad en los negocios. Si deseas sobrevivir y prosperar en este entorno, debes preparar a tus empleados para que siempre estén aprendiendo. Y no sólo eso, sino que deben aplicar lo que han aprendido para resolver problemas y desafíos futuros, y aprovechar las oportunidades a medida que se presenten.

¿Qué hace tu organización con la nueva información? ¿La absorbe y desarrolla conocimientos, poniéndolos en práctica? ¿O bien tus empleados aprenden cosas nuevas un día y las olvidan al día siguiente? Como gerente, una de tus prioridades consiste en crear y liderar una *organización de aprendizaje* que aplique el conocimiento de manera constante y efectiva para lograr un cambio positivo de cara al futuro.

Una organización de aprendizaje a menudo se crea como respuesta al cambiante mundo empresarial que la rodea. Dado lo impredecible que es el mercado global actual, las compañías más hábiles aprenden y se adaptan a los cambios que ocurren. Al mismo tiempo, también se producen cambios dentro de una empresa. Pero los gerentes de las organizaciones de aprendizaje son muy conscientes de que éstos suponen grandes oportunidades, no sólo problemas o desafíos.

Liderar el cambio es el enfoque principal de un gerente en una organización de aprendizaje, mientras que reaccionar al cambio es una acción reservada a organizaciones más tradicionales, menos flexibles y más estáticas.

¿Quieres que tu organización prospere en el panorama cambiante y vertiginoso de hoy en día? Diseña una organización de aprendizaje con estas pautas:

Practica la objetividad: A lo largo de tu carrera profesional, sin duda, te has encontrado cara a cara con directivos que basan todas sus decisiones en las emociones. En lugar de revisar los hechos de manera objetiva y trabajar en el mejor interés del equipo, estos gerentes intentan complacer a un superior con más influencia o poder, con la esperanza de obtener algún tipo de trato especial. Evita convertirte en este tipo de gerente. Por el contrario, practica ser objetivo en tu propio proceso de toma de decisiones, lo que incentivará a tus empleados a ser también más objetivos. Es para bien.

Crea un ambiente abierto: ¿Cómo puede aprender una organización si ningún empleado se siente cómodo siendo honesto y transparente? Una organización de aprendizaje es abierta, por ello los empleados se sienten lo suficientemente seguros como para comunicar sus pensamientos e ideas. Cualquier gerente que quiera crear una organización de aprendizaje exitosa debe tener como prioridad eliminar cualquier miedo que los empleados sientan cuando se trata de comunicarse contigo, con otros gerentes o con otros compañeros.

Premia los comportamientos correctos: Esto suena simple, pero es absolutamente esencial. Para crear una organización que constantemente esté aprendiendo, debes recompensar los comportamientos de los empleados que veas que se alinean con los objetivos y las metas de una organización de aprendizaje. Esto significa que si ves que los empleados se involucran en equipos o practican la objetividad, debes incentivarlos a seguir por ese camino.

PENSAMIENTO SISTÉMICO

Las tradiciones más antiguas de gestión requerían que los problemas se resolvieran justo cuando aparecían. Pongamos, por ejemplo, que un empleado no se está desempeñando bien. Un gerente podía decidir *solucionar el problema* de inmediato, por ejemplo, disciplinando al empleado lo antes posible. De hecho, cada vez que surgía un problema, un gerente podía pensar que, siempre y cuando solucionara los problemas, todo iría bien.

Por desgracia, este estilo de gestión es un parche, un método que ignora los problemas subyacentes y, por el contrario, valora e implementa soluciones a corto plazo. Pero los gerentes de hoy en día saben que tratar los síntomas del fracaso de la compañía no hará nada constructivo para resolver los problemas reales. El término *pensamiento sistémico* describe esta conciencia, que es una comprensión de cómo una eventualidad o un error afectan a toda la organización, no sólo a los individuos o los departamentos.

Echemos un vistazo al teórico de la gestión Peter Senge, del MIT, quien hizo importantes contribuciones a la idea del pensamiento sistémico y las organizaciones de aprendizaje.

Según Senge, «el liderazgo en una organización de aprendizaje comienza con el principio de la tensión creativa».[1] Ésta es el resultado natural de la brecha entre nuestra visión del futuro y nuestra realidad actual. Esta tensión crea energía y dirección para impulsar a la organización hacia delante.

Peter Senge describió cinco cosas que debes hacer como gerente si deseas aplicar con éxito el pensamiento sistémico.

1. Senge, P. M. «The Leader's New Work: Building Learning Organizations», *MIT Sloan Management Review*, 5 de octubre de 1990. [Disponible en: sloanreview.mit.edu]

Deja de culpar a los demás: Según Senge, «son los sistemas mal diseñados, no los individuos incompetentes o desmotivados, los que causan la mayoría de los problemas organizacionales». Los gerentes más eficaces no culpan a los empleados, sino que llegan al meollo del problema y trabajan para corregir las fallas encontradas en los sistemas o la estructura de la organización.

Ignora la solución rápida: Recuerda, el tratamiento de las causas subyacentes de las fallas organizacionales debe ser tu enfoque principal. El tratamiento de los síntomas conduce a soluciones a corto plazo cuando lo que necesitas son soluciones a largo plazo.

Céntrate en las mayores ganancias: ¿Dónde necesitas la menor cantidad de esfuerzo para conseguir las mejoras más significativas? Quizás los resultados más efectivos y duraderos que buscas provienen de pequeños ajustes y soluciones. En palabras de Senge, «abordar un problema difícil a menudo requiere ver dónde se encuentra el apalancamiento alto, dónde un cambio –con un mínimo de esfuerzo– conduciría a una mejora significativa y duradera».

Ten presente que los incidentes no son aislados: El pensamiento sistémico te pide que consideres las cosas desde una perspectiva más amplia y comprendas que todos las eventualidades y los cambios están conectados entre sí. Los problemas no están aislados. De hecho, tienen un impacto sobre toda la organización.

Discierne entre dos tipos de complejidad: El pensamiento sistémico también se ocupa de la complejidad de los incidentes y las acciones. La *complejidad de los detalles* involucra muchas variables, mientras que la *complejidad dinámica* ocurre cuando los efectos de las acciones de un gerente no son evidentes para los empleados. Según Senge, «el apalancamiento en la mayoría de las situaciones de gestión radica en comprender la complejidad dinámica, no la complejidad de los detalles».[2]

2. Íbid.

OBSTÁCULOS PARA EL APRENDIZAJE

El camino para convertirse en un negocio o una compañía que utiliza con éxito la nueva información para obtener ganancias en tiempos de cambios rápidos estará lleno de todo tipo de obstáculos. Establecer y mantener una organización de aprendizaje en particular no está exento de desafíos, porque las empresas a menudo se resisten a aprender o a considerar nuevas prácticas. Desde políticas y trámites burocráticos innecesarios, hasta empleados que preferirían permanecer cómodamente en su *statu quo*, numerosísimos factores afectan a hasta qué punto una organización puede y está dispuesta a aprender.

Sin embargo, el mayor obstáculo para el aprendizaje de una organización no es ninguno de estos factores, sino que suele ser el equipo de gestión de la organización.

¿Qué suele suceder cuando un gran negocio tiene problemas? Cuando la organización se enfrenta a una crisis, los miembros del equipo de dirección empiezan a ir sobre seguro, tratando de evitar ser culpados de originar la crisis y potencialmente despedidos. De hecho, si hojeas las revistas populares de negocios, es probable que leas noticias de directores ejecutivos obligados a renunciar cuando una empresa enfrenta problemas irresolubles a gran escala. Luego, el nuevo director ejecutivo elimina a los miembros restantes del equipo ejecutivo e instala su propio equipo.

En realidad, ésta puede ser una buena manera de forzar el aprendizaje en una organización que se muestra reticente a hacerlo voluntariamente. Despedir al equipo de alta gerencia es quizás una de las formas más rápidas de lograr que una organización desaprenda las malas prácticas y los hábitos que limitan el aprendizaje, la innovación y el éxito. Esto es importante porque, cuando las organizaciones atraviesan crisis, deben desaprender rápidamente los malos hábitos para cambiar las cosas. Sin embargo, los malos hábitos suelen estar arraigados en las operaciones de la empresa, a menudo fomentados (consciente o inconscientemente) por los gerentes y los supervisores interinos. Los viejos hábitos no son fáciles de eliminar. Si un equipo ejecutivo tiene miedo de adoptar un cambio real para mejorar, entonces este equipo no es capaz de guiar a una organización hacia el éxito.

Considera un punto de inflexión en la historia corporativa del fabricante de ordenadores Apple. En 1994, el exdirector ejecutivo Michael Spindler pudo impulsar las ventas al reducir los costes de producción, recortar los precios de los productos y despedir a dos mil trabajadores. Sin embargo, a pesar de hacer movimientos que condujeron a un aumento sustancial de las ventas, Spindler y su equipo no lograron que la empresa fuera adquirida por una compañía más grande. Intentaron vender Apple a grandes empresas como IBM y Hewlett-Packard, pero fracasaron en sus esfuerzos. Estos intentos fallidos de vender la empresa preocuparon a inversores y compradores corporativos. ¿Era Apple realmente viable a largo plazo? Mientras la gente se esforzaba por responder a esta pregunta, los pedidos de productos Apple se iban retrasando o cambiando por otras alternativas de ordenadores personales.

Al mismo tiempo, el cofundador de Apple, Steve Jobs, observó un cambio perceptible en la forma en que la compañía establecía su presencia en el mercado de los ordenadores personales. Con anterioridad, Apple había podido separarse del resto de las opciones de ordenadores personales disponibles (que por lo general eran menos potentes y más baratos) gracias a su liderazgo en áreas de tecnología innovadora y estética de diseño. Pero, como observó Jobs, «Apple no fracasó [...] Tuvimos tanto éxito que logramos que todos los demás tuvieran el mismo sueño [...] El problema es que el sueño no evolucionó. Apple dejó de crear».[3]

¿Traducción? A medida que los demás fabricantes de ordenadores personales comenzaron a emular los productos y las tecnologías de Apple, los consumidores no veían por qué debían pagar los precios más altos de Apple. La ventaja tecnológica competitiva que alguna vez disfrutó Apple, comenzó a desaparecer.

El 31 de enero de 1996, en un momento en el que la empresa se encontraba en apuros y necesitaba urgentemente un cambio importante, Apple reemplazó a Spindler por el nuevo director ejecutivo Gilbert Amelio. Amelio contrató a un nuevo director financiero y un

---

3. Morozov, E.: «Form and Fortune», *New Republic*, 22 de febrero de 2012. [Disponible en: newrepublic.com]

nuevo director administrativo, y creó un puesto que hasta la fecha no existía –vicepresidente de plataformas de Internet–, destinado a coordinar e implementar nuevas estrategias de Internet para Apple. Después de que Amelio despidiera a los antiguos ejecutivos y contratara a otros nuevos, Apple se convirtió en una empresa transformada, que desaprendió los malos hábitos y prácticas que anteriormente le habían impedido alcanzar el éxito.

Afortunadamente, existen otras formas de desaprender los malos hábitos de la compañía, aparte de despedir a su equipo de gestión o ejecutivo. Si no quieres participar en el proceso, a veces costoso y lento, de cambiar la gestión, crea una organización de aprendizaje. De esta manera, tus empleados aprenderán a responder y adaptarse al cambio, y los gerentes se sentirán más seguros acerca de la estabilidad de sus cargos.

EMPEZAR UN PROGRAMA DE MEJORA DE LA CALIDAD

Vender productos y servicios de calidad es una de las cosas más importantes que puede hacer una empresa. Cualquier otra cosa puede amenazar la salud y la viabilidad a largo plazo de tu organización. Los grandes gerentes saben que deben iniciar un programa de mejora de la calidad si quieren ofrecer productos y servicios de la máxima calidad.

Pero no todos los programas de mejora de la calidad son iguales. Si quieres crear uno eficaz y duradero, sigue estos pasos antes del lanzamiento del programa.

Paso 1: Consigue el apoyo de tus directivos. Tu equipo de alta dirección no sólo debe estar al tanto de tu programa de mejora de la calidad, sino que también debe apoyar e incentivar activamente su implementación. Explícales los beneficios de dicho programa para el balance de tu empresa.

Paso 2: Nombra un comité directivo. Compuesto por empleados de diferentes líneas y niveles departamentales, este comité establece los sistemas y prácticas destinados a obtener sugerencias de mejora de los empleados. Luego, el comité comunica las recomendaciones de mejora a la gerencia.

Paso 3: Establece procedimientos y directrices. Hay muchos modelos de programas a elegir, pero, en general, todos tienen las mismas características en común. Todos los programas exitosos de mejora de la calidad piden sugerencias a los empleados, analizan su viabilidad y luego las implementan, haciendo un seguimiento del progreso a lo largo de todo el proceso. Los procedimientos y directrices adecuados ayudan a tu empresa a seguir el camino correcto hacia la mejora.

Paso 4: Mantén informados a tus empleados. Cuando haces un anuncio formal sobre tu programa a tus empleados, les haces saber que la organización prioriza la mejora continua. Esta información también los empodera, porque aprenden que se les ha dado autoridad para llevar a cabo cambios organizacionales legítimos.

Paso 5: Revisa los resultados del programa. De vez en cuando, evalúa la participación de los empleados en tu programa y si todavía hay áreas problemáticas dentro de la organización. Asegúrate también de evaluar el tiempo y el dinero ahorrados, los sistemas mejorados y cualquier otra mejora generada gracias a tu programa. Así sabrás que estás consiguiendo resultados.

5

El trabajo en equipo logra el trabajo soñado

Solos podemos hacer muy poco; juntos podemos hacer mucho.
HELEN KELLER, autora

¿Cuántas decisiones tomas como gerente en un día laboral normal? ¿Dos o tres? (Dudoso). ¿De quince a veinticinco? (Más probable). ¿Más aún? (Ciertamente posible). Para la mayoría de los gerentes, la jornada laboral típica se compone de una serie de decisiones, algunas de las cuales son normalmente más importantes que otras.

Dependiendo de la empresa para la que trabajes, las industrias y las localizaciones en las que tu empresa hace negocios, y tu posición dentro del organigrama, es probable que te enfrentes a una gran variedad de decisiones diferentes cada día. Estas decisiones pueden incluir opciones como cuánto presupuestar para una iniciativa de un nuevo producto, dónde construir una nueva planta de fabricación de productos farmacéuticos, si licenciar la tecnología de un tercero o asignar valiosos fondos de investigación y desarrollo para producirla internamente, cómo se asignarán las bonificaciones anuales a los empleados que lo merezcan, cómo serán los horarios de trabajo o dónde se celebrará el encuentro festivo de la compañía el próximo verano.

La función central de cualquier líder empresarial, ya sea un alto ejecutivo, un gerente de proyecto, un jefe de departamento, un supervisor o, cada vez más, un empleado de primera línea, es tomar decisiones. Es parte de la descripción del trabajo, que a veces se explica explícitamente y a veces no. En cada organización, los responsables individuales toman cientos o incluso miles de decisiones, grandes y pequeñas, cada día. La mayoría de las organizaciones otorgan autoridad para tomar decisiones a un grupo cada vez más amplio de ejecutivos y gerentes. El empoderamiento de decisiones funciona porque a menudo la primera línea tiene mejor información y comprende los desafíos de la ejecución. Sin embargo, este empoderamiento debe ir acompañado de formación para desarrollar buenas habilidades de decisión. Contrariamente al dicho, «Todos aprendemos de nuestros errores», aprender sólo de nuestros propios errores es demasiado lento. Tenemos que aprender de los errores de todos –y también de sus éxitos– para evitar cometer errores innecesarios.

Aunque la gran mayoría de las decisiones específicas tienen un impacto pequeño sobre el negocio, los trabajadores, los clientes, los proveedores o los accionistas («¿Debería responder a este mensaje de correo electrónico ahora o en cinco minutos?», «¿Debería pedirle a mi empleado administrativo que haga una copia de este documento o lo hago yo mismo?»), en conjunto, estas pequeñas decisiones definen la naturaleza de la cultura y la capacidad de desempeño de una organización. Algunas decisiones específicas –las estratégicas– pueden tener y tienen un impacto drástico, y marcan puntos de inflexión que cambiarán para siempre el destino de la empresa y de su personal en formas buenas, malas o intermedias.

Puedes pensar que, como gerente, eres el responsable de todas las decisiones que se toman en tu departamento u organización. Eres el líder, por lo que deberías tomar las decisiones, ¿verdad?

Los gerentes son los responsables, pero los gerentes *eficaces* saben lo valioso que es empoderar a sus equipos. Muchos gerentes consideran que ellos son los que mejor pueden tomar las decisiones que afectan a los clientes o los productos de una compañía. Sin embargo, no siempre es el caso.

Cuando los trabajadores y los equipos de primera línea tienen autoridad para atender y abordar las necesidades de los clientes, éstos reciben un mejor servicio. Además, los gerentes tendrán más tiempo libre para llevar a cabo tareas gerenciales, como la planificación a largo plazo, el *coaching* y la tutoría.

El empoderamiento del equipo también sirve como un impulso increíble para la moral y la productividad. Después de todo, cuando un gerente empodera a los trabajadores, los empleados se dan cuenta de que se les confía la toma de decisiones y que son importantes para el éxito de la compañía. Como consecuencia de ello, los empleados se involucran más en su trabajo y aumenta la lealtad a la empresa. En última instancia, puedes tener una organización más eficiente y eficaz si empoderas a tus equipos de empleados. Veamos cómo hacerlo.

Céntrate en la calidad

Capacita con éxito a tus equipos involucrándolos en el proceso de control de calidad de tu organización.

En la década de 1980, los gerentes estadounidenses comenzaron a tomar nota de las empresas japonesas exitosas, muy apreciadas por los productos electrónicos innovadores y los automóviles de calidad. Estos gerentes descubrieron que muchos programas japoneses empoderaban a los trabajadores incentivándolos a tomar decisiones con respecto a sus propios procesos de trabajo. Por ejemplo, la gerencia de Motorola permitió que equipos autodirigidos programaran su propio trabajo y decidieran cómo formarse.

Opera en pequeño y sé ágil

Si eres un competidor más pequeño y ágil, tendrás una ventaja sobre las grandes organizaciones del mercado. A fin de cuentas, éstas suelen tener canales de comunicación innecesarios, retrasos en el tiempo de respuesta y otros bloqueos burocráticos. Asegúrate de que tu organización tenga equipos pequeños que puedan tomar decisiones y actuar sin aprobación; esto dará como resultado decisiones mejores y más rápidas, lo que permitirá que los clientes reciban servicios y productos de manera eficiente.

Adapta y sigue innovando

Por su tamaño y flexibilidad, un equipo puede adaptarse rápidamente a cambios externos o de la compañía. Además, con tantas habilidades y perspectivas individuales uniendo fuerzas en un grupo, un equipo incluso puede conseguir una mayor innovación.

Atrás quedaron los días en que los equipos eran útiles sólo para completar proyectos. Hoy en día, en cambio, los equipos son clave para cubrir las necesidades a largo plazo de toda organización.

DIFERENTES TIPOS DE EQUIPOS PARA DIFERENTES TIPOS DE TAREAS

Cuando estás formando a un equipo por primera vez, debes considerar qué tipo de equipo esperas crear. Hay diferentes tipos para diferentes tipos de tareas o resultados deseados.

Considera los tres tipos principales de equipos que te muestro a continuación. ¿Cuáles necesitarán tu apoyo gerencial y qué tipo se adapta mejor a las necesidades de tu organización?

Formales

Creados para conseguir objetivos específicos, los equipos formales brindan una estructura para solicitar retroalimentación de desempeño, así como para asignar tareas. Los tipos de equipos formales incluyen:

Comités: Los comités son permanentes o a largo plazo y realizan tareas organizativas específicas que no tienen un fin o un tiempo de finalización establecidos. Por ejemplo, las empresas tienen comités que se reúnen para planificar conferencias anuales o para seleccionar empleados a los que premiar su desempeño trimestral. Los comités pueden tener una lista de miembros cambiante, pero siguen trabajando año tras año.

Equipos de mando: Estos equipos jerárquicos (por ejemplo, equipos de gestión, ejecutivos, etc.) están compuestos por un gerente y empleados que reportan directamente a esa persona.

Grupos de trabajo: Si tienes cuestiones o problemas específicos que deben abordarse, es probable que desees reunir temporalmente a un grupo de trabajo. Estos equipos formales suelen tener una fecha límite para solucionar un problema e informan de sus resultados a la gerencia. Después de comunicar sus conclusiones, suelen disolverse.

Informales

A veces, los equipos se formarán de manera espontánea dentro de tu organización sin tu intervención directa. Puede que ni siquiera seas consciente de ellos. Si un grupo de empleados comen juntos todos los días, se reúnen en la máquina del café o quedan para tomar una cerveza al salir del trabajo, se ha formado un equipo informal.

Aunque en realidad a los equipos informales no se les han asignado determinados objetivos o tareas, estos grupos siguen siendo increíblemente importantes para las organizaciones. Brindan a los empleados una salida segura para desahogarse o encontrar soluciones a los problemas a través de una discusión informal y sin restricciones.

Los equipos informales también pueden proporcionar a los empleados otra forma de recibir información, fuera de los canales de comunicación formales.

Autogestionados

¿Quieres lo mejor de ambos mundos? Los equipos autogestionados, bajo la guía de la gerencia, tienen los atributos tanto de equipos formales como informales. Están formados por miembros que aceptan la responsabilidad de las operaciones diarias de un equipo y son un excelente ejemplo de cuándo la gerencia está dispuesta a dar a los trabajadores más autonomía y autoridad.

Estos equipos suelen ser:

- más pequeños, ya que más grandes provocan problemas de comunicación
- empoderados para actuar
- diversos, compuestos por miembros de diferentes departamentos que aportan diferentes perspectivas

Los equipos autogestionados tienen la capacidad de encontrar soluciones a problemas comunes entre los trabajadores y, a menudo, contribuyen de manera importante al éxito de una compañía.

LAS CLAVES PARA UN TRABAJO EFECTIVO EN EQUIPO

Para que los equipos hagan su mejor trabajo, deben estar empoderados por un gerente y recibir la autoridad y autonomía para tomar decisiones que afectan a las organizaciones para las que trabajan. Pero ¿cómo sabes si un gerente realmente ha empoderado a los empleados de un equipo? ¿Cuándo puedes estar seguro de que no estás viendo una mera imitación de empoderamiento? Por lo general, los equipos auténticamente empoderados:

- establecen compromisos y objetivos
- añaden o eliminan miembros del equipo
- reciben recompensas como equipo
- definen y realizan su formación
- aprovechan al máximo las decisiones del equipo

Por desgracia, el verdadero empoderamiento puede ser una rareza. Por este motivo, para muchos equipos todavía hay mucho margen de mejora. Éste es particularmente el caso en las áreas de confianza dentro del grupo, conformidad de roles e ideas, y eficiencia global del grupo. Para contrarrestar cualquier ineficacia del equipo existente, sigue estas recomendaciones:

Céntrate en el empoderamiento real: Un estudio de líderes de equipo, gerentes y miembros del equipo en varias compañías reveló que los equipos en el mundo real son más participativos que empoderados. Es decir, participan en reuniones de equipo y demás, pero no tienen la autoridad que necesitan para tomar decisiones importantes. Para contrarrestarlo, considera hacer lo siguiente con el fin de aprovechar al máximo la dinámica de tu equipo:

- permite que los miembros del equipo tomen decisiones importantes a largo plazo de forma independiente

- permite que los miembros del equipo elijan líderes

- aboga abiertamente por el equipo

Prepara el escenario para un equipo más efectivo: Si bien te alejarás del funcionamiento diario del equipo, puedes crear las condiciones para su éxito:

- da permiso al equipo para disciplinar a los miembros que se desempeñen mal

- asegúrate de que los líderes y los miembros del equipo estén capacitados

- reconoce todas las contribuciones individuales y del equipo

Elimina el conflicto desde su origen: Como gerente, debes estar dispuesto a vivir con los resultados de los equipos que ayudas a formar. A continuación, puedes ver cómo aceptar mejor cualquier resultado:

- trabaja para unificar los puntos de vista del gerente y de los miembros del equipo

- reconoce y trabaja a través de conflictos de personalidad

- proporciona herramientas y recursos adecuados para todo el equipo

El empoderamiento del equipo no es algo que suceda de la nada. Si estás haciendo esfuerzos continuos y precisos para asegurarte de que los equipos tengan autoridad y autonomía, conseguirás un equipo y una compañía más empoderados, productivos y exitosos.

EL ARTE Y LA CIENCIA DE HACER BIEN LAS REUNIONES

En una encuesta realizada hace ya algunos años, Microsoft encontró que la gente pasa 5-6 horas a la semana en reuniones y que el 71 % de los trabajadores estadounidenses dijeron que las reuniones en las que participan «no son muy productivas».[1] Esto es un problema serio. Mientras que en las reuniones muchos empleados piensan ansiosamente en la mesa de despacho llena de trabajo que deberían estar haciendo, otros sueñan despiertos o revisan sus smartphones en busca de mensajes.

Hay muchas maneras de que las reuniones salgan mal. A pesar de ello, son una parte fundamental de cómo los equipos hacen el trabajo y son esenciales para cualquier organización. La clave es que las reuniones sean buenas, no malas.

Puede que no te des cuenta, pero además de dominar las habilidades básicas de gestión de equipos, es imperativo que hagas lo mismo con la gestión de reuniones. Después de todo, los miembros de tu equipo se comunicarán entre sí y realizarán negocios principalmente en el foro de una reunión.

Problemas comunes de las reuniones que se deben evitar

¿Eres consciente de que es muy probable que la mayoría de las reuniones celebradas en tu oficina hayan sido en gran medida improductivas? Según un estudio de Accountemps, aproximadamente el 25 % del tiempo dedicado a las reuniones es inútil y supone una pérdida de tiempo. Combina este porcentaje con el hecho de que alrededor del

1. Microsoft: «Survey Finds Workers Average Only Three Productive Days Per Week», *Microsoft*, 15 de marzo de 2005. [Disponible en: news.microsoft.com]

21 % de las horas de trabajo se dedican a reuniones, y la alta gerencia las dedica aún más tiempo, y comienzas a ver el valor de aprender y aplicar habilidades de reunión efectivas.[2]

Pero ¿por qué tantas reuniones de hoy en día son tan poco productivas? He aquí algunas posibles razones:

Duran demasiado: Muchos gerentes ocupan el tiempo asignado de reunión con elementos irrelevantes para el negocio en cuestión. Y como consecuencia de ello, una reunión que podría haber durado sólo veinte minutos se convierte en una de sesenta minutos, simplemente porque había una reunión programada de sesenta minutos.

Se hacen demasiadas reuniones: Cuando te acercas a un momento crítico, es posible que necesites tener muchas reuniones para mantener a todo el personal en estrecha comunicación. Sin embargo, esto probablemente no sea necesario cuando las cosas no son tan frenéticas. Si tienes muchas reuniones y no se avanza lo suficiente, programa menos y evalúa qué pasa.

Los participantes no están preparados. Si los asistentes a la reunión no están adecuadamente preparados, es muy posible que se acaben perdiendo. Asegúrate de que hayan hecho su tarea antes de que comience la reunión, no después.

Las reuniones no están enfocadas: Las reuniones pueden no estar enfocadas si los participantes no están preparados y si los gerentes no logran mantener las reuniones centradas en el tema. Desde distracciones hasta asuntos personales, hay muchas maneras de que una reunión acabe desviándose.

Algunos participantes dominan las reuniones: Muchos asistentes a las reuniones pueden sentirse intimidados por otro miembro

---

2. Robert Half International Inc.: «Meeting of the Minds: Workers and Executives Dread Wasted Time, Disengagement», *Robert Half International Inc.* 31 de julio de 2018. [Disponible en: rh-us.mediaroom.com]

del equipo insistente y obstinado (en toda reunión hay uno o dos). Cuando esto sucede, el equipo escucha menos perspectivas y las contribuciones críticas pueden quedar diluidas.

CLAVES PARA CELEBRAR UNA GRAN REUNIÓN

A pesar de tantos motivos para que una reunión salga mal, hay muchos pasos que puedes seguir para asegurarte de que el resto de tus reuniones salgan bien. He aquí cómo:

Sé puntual: La puntualidad importa. Comienza y termina las reuniones a la hora. Así serás un buen ejemplo para los participantes, muestra que eres serio y demuestra que respetas su tiempo.

Céntrate menos en la exclusión: En lugar de pensar a quién no vas a convocar a una reunión, piensa en a quién sí convocarás. De todos modos, asegúrate de que los convocados tengan un buen motivo para participar.

Prepárate: No seas ese jefe que llega a una reunión sin estar preparado, perdiendo tu tiempo y el de los demás mientras intentas ponerte al corriente.

Crea una agenda: La agenda es fundamental para tener una reunión exitosa. Les da a los miembros del equipo una notificación previa sobre los temas de discusión, brindándoles la oportunidad de prepararse para la reunión con tiempo. Esto ahorra tiempo y mejora la productividad.

Reduce el número de reuniones: Éste es realmente un ejemplo de que la calidad importa mucho más que la cantidad. Reduce el número de reuniones que programes, pero aumenta la calidad de las restantes. Convoca reuniones sólo cuando sean necesarias. Ni más, ni menos.

Documenta las acciones a llevar a cabo: Crea un sistema infalible para documentar, resumir y asignar acciones a realizar a los trabajadores después de que hayan terminado las reuniones. PowerPoint, aplicaciones, anotaciones digitales..., éstas son sólo algunas de las herramientas que puedes utilizar para remarcar las acciones a realizar. Si quieres que tus reuniones tengan un propósito y una dirección, deberás crear asignaciones de tareas y acciones de seguimiento. Dedica menos tiempo a hablar y más tiempo a hacer.

Pide retroalimentación: ¿Cómo puedes saber cuán efectivas son tus reuniones si no escuchas los pensamientos de los asistentes? Descubre lo que estás haciendo bien y lo que necesitas mejorar para potenciar futuras reuniones.

No tengas miedo de utilizar herramientas: En el mundo actual, hay muchísimos recursos y herramientas que puedes utilizar para mejorar las reuniones. Entre otros, se incluyen herramientas de gestión de proyectos o incluso sitios web que ayudan a elaborar agendas. Además, si un miembro clave de tu equipo está teletrabajando, puedes recurrir a programas o aplicaciones de videollamadas por Internet para celebrar reuniones con todos los convocados. Ejemplos de ello son Skype, Zoom, Google Hangouts u otras aplicaciones incluidas en tu smartphone iPhone o Android.

SEGUNDA PARTE

Habilidades del nuevo jefe realmente claves

Tienes que construir un equipo que sea tan talentoso que casi te haga sentir incómodo.
BRIAN CHESKY, cofundador de Airbnb

Los gerentes de éxito hacen lo que hacen aplicando habilidades específicas para lograr sus objetivos. Cuanto más perfeccione y practique estas habilidades, más eficaz será el gerente. En esta segunda parte, exploraremos las habilidades que los gerentes necesitan para gestionar bien a la vez que crean una organización de alto desempeño. Los temas incluyen:

- Liderazgo
- Delegación
- Creación de una visión y una misión
- *Coaching* y orientación
- Motivación de los empleados

6

Liderazgo: Inspira a quienes trabajan para ti y contigo

Un jefe tiene el título, un líder tiene la gente.
SIMON SINEK, autor

Cuando pensamos en grandes jefes, solemos pensar en hombres y mujeres que son grandes *líderes*. Según el viejo dicho, no hay nada nuevo bajo el sol. Y aunque cada año un suministro aparentemente interminable de nuevos libros de liderazgo podría hacerte pensar que la teoría y la práctica del liderazgo están cambiando, la verdad es que el meollo de lo que hace que los líderes sean *grandes* líderes ha cambiado poco a lo largo de los años.

Piensa por un minuto en algunos de los rasgos ampliamente aceptados de los mejores líderes. Son decisivos, justos, carismáticos, honestos, conocedores y confiados, y son expertos en crear una visión convincente del futuro. Es difícil imaginar que estos rasgos –y otros muchos similares– sean diferentes hoy en día de lo que fueron para los grandes líderes de décadas o incluso siglos pasados. La naturaleza humana es la naturaleza humana. No ha cambiado mucho desde que los primeros humanos caminaron sobre la Tierra hace millones de años.

Como gerente, tú también eres un líder. Tu gente busca en ti guía e inspiración en tus trabajos. Tu organización espera que lideres el camino. Tu comunidad espera que seas un ejemplo a seguir. El mundo espera que hagas de nuestro planeta un lugar mejor en el que todos nosotros vivamos.

¿Tus políticas y tu ambiente de trabajo atraen a los mejores y más brillantes en tu sector? Y, lo que es igual de importante, ¿estos empleados están lo suficientemente motivados para quedarse una vez que los hayas contratado? ¿Son los empleados una parte real de tu equipo? ¿Delegas la autoridad que necesitan para hacer su trabajo y confías en que cumplirán? ¿Los haces sentir importantes y los recompensas cuando realizan un buen trabajo?

Si has respondido no a alguna de estas preguntas, entonces necesitas trabajar tus habilidades de liderazgo. Así pues, ¿cómo puedes ser un mejor líder? ¿Qué se necesita? En este capítulo, analizaremos con detalle uno de los trabajos más importantes de cualquier gerente: ser un líder.

TRES COSAS QUE TODO GRAN LÍDER HACE HOY

Años atrás, el experto en gerencia James MacGregor Burns escribió: «El liderazgo es uno de los fenómenos más observados y menos entendidos en la Tierra».[1] En realidad, personalmente creo que hoy en día, el liderazgo es uno de los fenómenos más observados *y* entendidos. Sabemos cómo es un gran liderazgo, sabemos lo que se necesita para liderar y qué diferencia a los grandes líderes de los malos líderes.

A veces parece que nuestros líderes favoritos nacieron para liderar. Y aunque puede ser cierto que las habilidades y capacidades de liderazgo de algunos de los líderes actuales sean innatas, esto no significa que el liderazgo esté limitado a aquellos que nacieron con él. De hecho, cualquiera tiene el poder de aprender lo que hace un líder y cómo fortalecer sus habilidades de liderazgo.

Consideremos tres cosas que todo gran líder hace hoy en día.

Crea un ambiente de colaboración

Un lugar de trabajo que castiga a los empleados por decir lo que piensan, asumir riesgos y decir la verdad no es un lugar de trabajo productivo, y ciertamente no es un ambiente en el que el personal quiera trabajar. Al-

1. Burns, J. M.: *Leadership*. Harper & Row, Nueva York, 1978, pág. 2.

gunos gerentes castigan a sus empleados por no estar de acuerdo con los supervisores de alto nivel, por señalar errores y problemas, o incluso por expresar su opinión. Éste es un gran error que puede cometer cualquier líder. Cuando intimidas a tus empleados y utilizas el miedo para tratar de motivarlos, no aportarán sus mejores ideas y esfuerzos a la organización; por el contrario, harán todo lo posible para no meterse en problemas.

Los mejores líderes apoyan a sus empleados y les brindan una cultura y un ambiente de trabajo que fomenta las innovaciones. Cuando su jefe los respalda, se sienten lo suficientemente seguros como para correr riesgos importantes en pos del éxito de la organización. Es posible que no siempre tengan éxito, e incluso pueden equivocarse, pero aprenden lecciones que hacen avanzar un paso más a la empresa.

Abre canales de comunicación

Es esencial que cada líder se comunique bien y con frecuencia con su gente. Por lo general, los empleados quieren tener voz en sus organizaciones (¿quién podría culparlos de ello?) y esperan que su jefe y otros líderes escuchen sus sugerencias y puntos de vista.

Para conseguir este tipo de compromiso por su parte, debes comunicarte con ellos a menudo, de manera transparente y, a veces, por diferentes vías.

Para abrir canales de comunicación de manera más efectiva, los gerentes primero deben aprender a ser mejores comunicadores. Como explica Gil Amelio, exdirector ejecutivo de Apple,

> *Desarrollar excelentes habilidades de comunicación es absolutamente esencial para conseguir un liderazgo efectivo. El líder debe ser capaz de compartir conocimientos e ideas para transmitir un sentido de urgencia y entusiasmo a los demás. Si un líder no puede transmitir un mensaje con claridad y motivar a otros a actuar en consecuencia, entonces, ni siquiera importa tener un mensaje.*[2]

---

2. Amelio, G.: «Developing Excellent Communication…», *AZQuotes.com*, 2019. [Disponible en: www.azquotes.com; consultado el 30 de agosto de 2019]

Un gran liderazgo no es una calle de sentido único, sino que más bien es un intercambio de ideas bidireccional, donde los líderes crean una visión y objetivos con su personal, y éste comunica sus propias ideas sobre cómo lograr esa visión y esos objetivos. El modelo de gerencia de mando y control a la vieja usanza ya no funciona porque la mayoría de los empleados no están dispuestos a seguir órdenes todo el día. Si crees que la gerencia y el liderazgo efectivos se traducen en dar órdenes a tus trabajadores, estás muy equivocado.

Inspira y motiva

Los trabajadores más productivos, leales e inspirados están acostumbrados a sentirse orgullosos de su organización. Creen en ella y en lo que representa, por lo que se sienten felices al hacer un esfuerzo extra para que su trabajo tenga éxito.

Aunque ésta parece una versión idealizada del lugar de trabajo moderno, también es una realidad por la que muchos trabajadores todavía se esfuerzan por formar parte. Es un lugar de trabajo altamente motivado y un entorno en el que los líderes inspiran a los empleados a dar lo mejor de sí mismos. Como dijo el cofundador de Hewlett-Packard, Bill Hewlett, «los hombres y las mujeres quieren hacer un buen trabajo, un trabajo creativo, y si se les proporciona el entorno adecuado, lo harán».[3]

Al conocer el valor real de sus empleados, un líder puede inspirar las acciones necesarias para el éxito de la empresa. En última instancia, utiliza sus conocimientos y habilidades para acceder al potencial intacto de energía y creatividad que tienen todos los empleados.

Sin embargo, en realidad, pocos gerentes recompensan a los trabajadores más creativos. De hecho, es posible que muchos ni siquiera se den cuenta cuando un trabajador supera constantemente las expectativas laborales porque están demasiado ocupados supervisando a los trabajadores para que hagan exactamente lo que se les dice. Esto da como resultado un lugar de trabajo seco y sin inspiración, que carece de innovación, así como de dirección y progreso individual y empresarial.

---

3. Nelson, B.: «Managing and Motivating Virtual Worker», *Incentive: What Motivates*, 22 de enero de 2019. [Disponible en: www.incentivemag.com]

Pero cuando un verdadero líder dirige una organización, las ideas y la motivación de los trabajadores rara vez se desperdician. Al despejar los obstáculos al orgullo y la creatividad, y al establecer y fomentar una visión convincente de la compañía, los verdaderos líderes dan rienda suelta a las habilidades y los talentos sin explotar de sus empleados. Éstos descubren la iniciativa y la energía que tal vez no sabían que tenían, y los líderes descubren exactamente lo que sus empleados son capaces de conseguir. Unos y otros suelen quedar gratamente sorprendidos con los resultados.

Como gerente, aprovecha la oportunidad que tienes de utilizar tu influencia para crear energía en el trabajo, en lugar de gastar energías con trámites burocráticos, políticas y burocracia. Dirige a tus empleados con tu visión y luego retira los obstáculos que les impiden desbloquear todo su potencial. Recuerda, tu visión debe ser lo suficientemente desafiante como para conseguirla, pero no tan difícil que resulte imposible alcanzarla.

CUATRO CARACTERÍSTICAS DE LOS GRANDES LÍDERES

En el actual entorno laboral, la única constante es el cambio. A medida que las empresas continúan transformándose (en todos los sentidos, en cualquier momento, durante todo el tiempo), el gran liderazgo sigue siendo fiable e inquebrantable.

Aunque se enfrentan a cambios implacables, los mejores líderes comparten un conjunto común de características de liderazgo. A medida que practiques tus propias habilidades de liderazgo, asegúrate de que las características siguientes formen parte de tu forma de liderar.

Los grandes líderes son decisivos

Un líder tiene la responsabilidad muy importante de tomar las decisiones necesarias para que las organizaciones –y las personas que trabajan para ellas–avancen hacia sus objetivos. Aunque los gerentes son contratados para tomar decisiones, es frecuente que tengan miedo de equivocarse. Como consecuencia de ello, muchos gerentes contratados para dirigir sus organizaciones posponen la toma de decisiones, a menudo precisamente cuando más se necesitan

Las habilidades de decisión se pueden aprender y la calidad de las decisiones se puede mejorar. Siglos de desarrollo en las ciencias de la decisión –y las últimas dos décadas de aplicación práctica con organizaciones pequeñas y grandes en muchas industrias diferentes– demuestran que hay una buena manera y muchas maneras equivocadas de tomar decisiones. La clave es conocer los requisitos fundamentales de la calidad de la decisión y, luego, aplicar sistemáticamente este conocimiento de la manera que decidas. Los métodos de calidad de decisión se han perfeccionado durante un par de décadas y se aplican extensamente en algunas industrias de «grandes apuestas», como la petrolera, las gasística y la farmacéutica, aunque, sin embargo, estos métodos todavía son nuevos para la mayoría de los ejecutivos que toman decisiones. E incluso en industrias donde la calidad de las decisiones es una rutina en un área, los responsables de otras áreas cometen los mismos errores de siempre.

Los grandes líderes tienen la capacidad de tomar decisiones. A veces, éstas necesitan más análisis y reflexión, y, cuando es el caso, las decisiones se toman de manera lenta y estratégica. En otros casos, en cambio, pueden y deben tomarse de manera rápida. Pero, independientemente de la naturaleza de las decisiones, hay que tomarlas. Recuerda que ser decisivo es uno de los trabajos clave como líder y como gerente.

Los grandes líderes son íntegros

La integridad es uno de los rasgos que la mayoría de los empleados quieren de sus líderes. Cuando éstos se comportan íntegramente (con valores, comportamiento ético y sentido de la justicia), se puede marcar una diferencia real y positiva en la vida de mucha gente, desde clientes hasta empleados. Cuando los líderes dan un ejemplo de honestidad e integridad para que su gente lo siga, consiguen el mismo comportamiento de estas personas, potenciando la lealtad y los sentimientos positivos hacia la organización.

Un empleado pasa un tercio o más de las horas de vigilia en su lugar de trabajo. Naturalmente, los empleados quieren pasar parte de ese tiempo teniendo un impacto positivo sobre la vida de las personas, ya sea que su organización se deshaga de productos químicos nocivos, fabrique electrodomésticos de cocina o sirva sushi. En última instancia, cuando el personal trabaja para una organización que tiene buenos valores y está dirigida por hombres y mujeres que valoran la ética y la integridad, consiguen recompensas internas notablemente potentes de su trabajo.

Los grandes líderes son optimistas

Aunque un líder se enfrente a un trabajo desafiante y a la adversidad al perseguir los objetivos de la organización, siempre verá el futuro como emocionante y lleno de oportunidades. Los líderes optimistas no sólo llegan a los empleados, sino también a todos aquellos que, de alguna manera, entran en contacto con estas personas positivas.

De hecho, el optimismo es contagioso. Después de todo, ¿quién no querría trabajar para alguien que lo hace sentir bien consigo mismo o con su futuro? Los gerentes pesimistas difícilmente nos parecen personas interesantes; su negatividad desmotiva y agota tanto a empleados como a compañeros de trabajo. En cambio, un gran líder que es optimista puede transformar una organización saturada de detractores en una organización repleta de trabajadores entusiasmados y productivos con una moral más alta. Inclínate hacia el optimismo, no te arrepentirás.

Los grandes líderes tienen confianza

Un gran líder rara vez, o nunca, duda de las capacidades de su equipo. Los líderes saben que sus equipos pueden conseguir cualquier cosa que se propongan, y esta confianza empuja a los equipos hacia el éxito. En la mayor parte de las organizaciones, los empleados reflejan el comportamiento de sus líderes. Si éstos confían en sus habilidades y las de los empleados asignados a sus equipos, entonces, los empleados también tienen confianza.

Por este motivo debes evitar mostrarte inseguro y vacilante como líder: tus empleados seguirán tu ejemplo y también se mostrarán inseguros y vacilantes. Dado que un líder confiado engendra seguidores confiados, las empresas con un líder confiado al mando, a menudo, obtienen un nivel de éxito que supera con creces a la competencia.

Así pues, progresa con confianza. Haz tu tarea y conoce tu trabajo. Con tu experiencia, habilidades, arduo trabajo y talento, sólo tiene sentido que muestres al mundo la confianza que sientes en lo más profundo de ti.

EL GRAN LIDERAZGO COMIENZA CON EL LIDERAZGO PROPIO

Creo firmemente que un gran liderazgo comienza con el autoliderazgo. No puedes liderar a otros hasta que puedas liderarte a ti mismo. El autoliderazgo significa comprenderte a ti mismo a fondo, comprender tus propios valores y evaluar lo que es más importante para ti. A medida que tu organización crezca, tu equipo debe reflejar tu ética, valores y creencias. Todo esto se deriva del autoliderazgo.

Cuando todavía trabajas en solitario, estructuras tu negocio como sabes hacerlo. Inicialmente construyes esa estructura en tu mente, y eso se convierte en un armazón para la organización a medida que crece y contratas a nuevas personas. Según vas contratando a más gente, todos los empleados deben estar alineados con tu visión y tus valores, que son, naturalmente, la visión y los valores de tu organización. Los nuevos empleados pueden poner sobre la mesa diferentes experiencias y talentos, pero sus valores deben estar alineados contigo como líder y deben reflejarlo externamente a medida que escalas el crecimiento como una sola compañía.

Alan Mulally, exdirector ejecutivo de Ford Motor Company, tuvo que tomar decisiones difíciles al reestructurar su empresa después de la crisis de la industria del automóvil de 2008-2010. Sin embargo, en todo momento creía que debía querer sinceramente a sus empleados y clientes. Lo que diferencia a un gran líder de un buen líder es que, en verdad, se preocupa por la vida de su gente, tanto por su éxito profesional como personal. Cuando se trata de las personas con las que trabajas, éste es un caso en el que, en realidad, el amor no es tan sólo una palabra de cuatro letras.

Los grandes líderes aman las comunidades en las que hacen negocios. Aman el mundo y quieren hacer de él un lugar mejor. Tomemos como ejemplo a Starbucks y su anuncio de prohibir cañitas de plástico en todo el mundo para 2020.[4]

El equipo de liderazgo decidió que, aunque el cambio podría ser costoso, en el fondo valía la pena para el medio ambiente, los clientes y el futuro de Starbucks como empresa centrada en la sostenibilidad.

COMPARTE EL LIDERAZGO CON TU GENTE

En un número cada vez más grande de organizaciones, los líderes comparten oportunidades de liderazgo con empleados de todos los niveles, desde trabajadores de primera línea hasta supervisores y gerentes. Cuando renunciamos al modelo tradicional de liderazgo –en el que un líder tiene muchos seguidores y ahonda capa tras capa de supervisión–, creamos una forma más efectiva de liderazgo colaborativo.

La Orquesta de Cámara Orpheus de la ciudad de Nueva York es una de las escasas orquestas que no tiene director. En lugar de un único líder, todos los músicos que la integran tienen la oportunidad de dirigir: los líderes surgen de manera natural para cada pieza que la orquesta decide interpretar.

Para compartir el liderazgo con tus empleados y crear una organización en la que la colaboración sea la regla en lugar de la excepción, considera hacer lo que hace la Orquesta de Cámara Orpheus:

Pon el poder en manos de las personas que hacen el trabajo: Los empleados que toman las mejores decisiones que afectan directamente a los clientes suelen ser los más cercanos a los clientes.

Incentiva la responsabilidad individual: Asegúrate de que aquellos que ahora tienen más poder también asuman más responsabilidades por la calidad de su trabajo.

---

4. Starbucks: «Starbucks to Eliminate Plastic Straws Globally by 2020», *Starbucks Stories and News*, 9 de julio de 2018. [Disponible en: stories.starbucks.com]

Sé claro al definir los roles: Define claramente los roles y las responsabilidades de los empleados para que puedan compartir de manera eficaz y cómoda las funciones de liderazgo con los demás.

Comparte y haz rotar el liderazgo: Cuando compartes y haces rotar los puestos de liderazgo, tu organización aprovecha el potencial de cada empleado, sobre todo si normalmente no forman parte de la jerarquía de liderazgo.

Fomenta el trabajo en equipo horizontal: Los equipos horizontales, que traspasan los límites de la organización y el departamento, son beneficiosos porque obtienen *inputs*, toman decisiones y proporcionan respuestas y soluciones.

Aprende a escuchar, aprende a hablar: Los grandes líderes son oyentes activos y no tienen miedo de dar a conocer sus puntos de vista a los demás. El liderazgo colaborativo alienta a los empleados a contribuir con sus opiniones e ideas, además de escuchar las de los demás.

Busca el consenso: Los miembros de un equipo o de una organización más grande deben estar alineados con la misión de la organización y acordar progresar juntos en la misma dirección al mismo tiempo. Si hay un contratiempo, entonces, debe ponerse en marcha un proceso para superarlo.

Dedícate apasionadamente a tu misión: Una manera de involucrar a otros en el proceso de liderazgo es inspirarlos a sentir pasión por su organización. Expresa pasión en tu misión y podrás inspirar a otros para que también se preocupen. Esto afectará positivamente a su desempeño y participación en el liderazgo.[5]

5. Seifter H., y Economy, P. *Leadership Ensemble: Lessons in Collaborative Management from the World's Only Conductorless Orchestra.* Times Books, Nueva York, 2001, págs. 15, 16.

Las empresas no pueden permitirse el lujo de limitar el liderazgo a unas pocas personas de alto nivel. Todos los empleados pueden asumir roles de liderazgo tomando decisiones, sirviendo a clientes y compañeros de trabajo, y mejorando políticas y procedimientos. Si tu organización es capaz de sacar el máximo provecho de cada empleado a través del liderazgo colaborativo, tu negocio no sólo sobrevivirá y prosperará, sino que también se mantendrá siempre en la vanguardia.

EL AMBIENTE DE LIDERAZGO

Las investigaciones actuales y los ejemplos de organizaciones reales nos muestran que los líderes empresariales y políticos están volviendo a aprender, a veces de la manera más difícil, los hechos de la naturaleza humana y los caminos hacia el éxito a largo plazo. Estas lecciones se describen en este libro: exploro estas estrategias y luego las refuerzo con ejemplos e investigaciones actuales:

El mundo es un lugar peligroso. Cualquier negocio, independientemente de cuán exitoso sea, puede extinguirse (o al menos quedar marginado) con bastante rapidez. Todos, desde los líderes hasta los empleados de primera línea, deben estar muy atentos a las amenazas y oportunidades que constantemente se presentan a la organización. Permitir una cultura corporativa que acepte la complacencia, la arrogancia o una atmósfera políticamente cargada y egocéntrica reduce el poder de la empresa y la pone en riesgo.

Se necesitan líderes fuertes para dirigir una empresa, pero también se debe mantenerlos bajo control. Las mismas características que hacen que las personas sean líderes poderosos a menudo las alejan demasiado de los mejores intereses a largo plazo de su empresa. Esta característica de la naturaleza humana no debe ser juzgada, sino que, más bien, debe ser aceptada, abiertamente comentada y gestionada. La idea de exigir fortaleza a los líderes al mismo tiempo que requerir colaboración y control concuerda con los resultados logrados por directores ejecutivos, juntas directivas y equipos de supervisores.

Las personas de todos los niveles deben participar para obtener el mayor éxito de la empresa. lamentablemente, en la mayor parte de las organizaciones, hoy en día no es así. Todos hemos oído la pregunta: «¿Qué pinto yo en todo esto?».[6] Es una pregunta muy importante para cada una de las partes interesadas en una empresa. Para invertir cualquier cosa (capital, esfuerzo, tiempo...), debemos sentir que, en última instancia, habrá algún beneficio para nosotros como individuos. La investigación actual confirma que conseguir el esfuerzo incremental adicional de cada individuo puede marcar la diferencia entre un desempeño marginal y el éxito. Esto significa adquirir prácticas comerciales y sociales que maximicen el compromiso y la productividad de la fuerza laboral.

Las empresas externas, tales como clientes, socios de alianzas o competidores, están dirigidas por personas, por lo que todas están sujetas a la naturaleza humana. La gestión cuidadosa de la naturaleza humana puede permitir que una compañía equilibre las fuerzas externas en competencia con gran efecto. El actual entorno empresarial competitivo y en constante cambio requiere interrelaciones complejas entre las empresas, así como un enfoque entusiasta por lo que respecta a las preferencias del cliente. Los líderes empresariales actuales con una visión a largo plazo deben equilibrar los deseos y las necesidades de estas partes externas de manera que el beneficio sea mutuo a lo largo del tiempo.

Tu marca es quién eres, no quién dices que eres. Una marca puede unir a las personas y representar a una empresa ante el mundo de manera rápida y visceral, contribuyendo a su éxito. Pero para ello, los empleados, los clientes y los socios deben experimentar un comportamiento organizacional que complemente la imagen de la marca, brindando ese «clic de reconocimiento» que dice: «Sí, esto es real».

---

6. En el mundo del marketing, a veces se conoce como WIIFM, acrónimo de la expresión *What's in it for me? (N. del T.)*

Las estructuras organizativas no pueden ni centralizar ni descentralizar; deben permitir ambas cosas. Los consultores de gestión ganan una buena suma de dinero ayudando a las organizaciones a clasificar sus estructuras de toma de decisiones. Centralizamos durante un tiempo y nos damos cuenta de que la toma de decisiones está demasiado lejos de la fuente de negocio. Descentralizamos y nos damos cuenta de que hemos perdido eficiencia y enfoque. La clave es encontrar el equilibrio con el tiempo. Ciertos temas fundamentales para el negocio deben ser decisiones centralizadas. ¿Por qué? Porque puede ganarse o perderse la rentabilidad de la empresa en función de esas decisiones. Las que no son críticas para el negocio se pueden descentralizar y asignar a equipos de empleados. Los líderes deben reconocer que no se puede centralizar o descentralizar, sino que se necesita hacer ambas cosas y ajustar el equilibrio con el tiempo para mantener el éxito.

El mundo no es estático y sólo aquellos que evolucionan sobreviven. Los líderes deben mantenerse fieles a sus competencias básicas mientras desarrollan esas habilidades en más capacidades con el tiempo. Los mejores líderes se actualizan constantemente, no sólo para sobrevivir, sino también para prosperar. Asimismo, en la actualidad, el mundo fluido de los negocios requiere una innovación y evolución constantes.

7

Delegación: Aprovecha al máximo tu liderazgo

Decidir qué no hacer es tan importante como decidir qué hacer.
JESSICA JACKLEY, emprendedora e inversora

Como gerente, ahora estás obligado no sólo a aumentar tus habilidades y capacidades, sino también a desarrollar nuevas habilidades en diferentes áreas. Tú y tu organización se beneficiarán de tus habilidades analíticas, organizativas e incluso técnicas. Pero, sobre todo, tu don de gentes será tu gracia salvadora en muchas situaciones gerenciales.

De hecho, la capacidad de delegar bien es una de las habilidades interpersonales más importantes que utilizarás en el trabajo y es la herramienta de gestión número uno de cualquier gerente. La incapacidad para delegar bien probablemente hará que la gestión sea una tarea mucho más difícil.

¿Por qué a los gerentes les resulta tan difícil delegar? Aquí hay algunas excusas que suelen poner para no delegar el trabajo, la responsabilidad y la autoridad a sus empleados:

- «Tengo miedo de que mis empleados metan la pata».
- «Nadie puede hacer lo que hago tan bien como yo».
- «Estoy demasiado ocupado para perder el tiempo delegando».
- «No sé cómo hacerlo».

- «Nuestros clientes quieren que yo lo haga».

Los mejores líderes saben que pueden hacer mucho más –multiplicando sus propios esfuerzos muchas veces– cuando delegan trabajo a sus empleados. De hecho, un estudio de Gallup sobre la diferencia en el desempeño comercial entre organizaciones cuyos directores ejecutivos tenían talento para delegar y aquellas cuyos directores ejecutivos no lo tenían mostró una diferencia considerable en los resultados. Así, las organizaciones con directores ejecutivos con gran capacidad de delegación lograron una tasa de crecimiento medio a los tres años del 1,751 %, 112 puntos porcentuales más que las organizaciones cuyos directores ejecutivos tenían poca o nula capacidad de delegación.[1] Es un resultado notable para algo tan fácil de hacer.

No puedes hacerlo todo, todo el tiempo: Puedes ser un gerente superestrella, pero finalmente todo el mundo llega a su punto álgido. Asumir la carga de hacerlo todo en tu organización es una idea noble, pero, en realidad, sencillamente no es posible, sobre todo a medida que crecen tu organización y tus responsabilidades. Además, debes delegar para poder concentrarte en las tareas que sólo tú puedes hacer, que a menudo son tareas que tu personal no puede completar o que son demasiado delicadas para ellos.

La delegación es una oportunidad para el desarrollo de los empleados: ¿Cómo pueden tus empleados tomar la iniciativa y llevar a cabo su desempeño con éxito si nunca se les da la oportunidad de hacerlo? Tomar decisiones y tener ideas es algo divertido y productivo para hacer como gerente. Sin embargo, si nunca involucras a tus empleados y no les das la oportunidad de aprender nuevas habilidades laborales, terminarás atrapado haciendo todo el trabajo por tu cuenta, ya que ellos no podrán gestionarlo. Además, los empleados de hoy en día explican cada vez más a menudo que tener la oportu-

1. Badal, S. B., y Ott, B.: «Delegating: A Huge Management Challenge for Entrepreneur», *Gallup Business Journal*, 14 de abril de 2015. [Disponible en: news.gallup.com]

nidad de desarrollarse y aprender es un gran acicate. Por lo tanto, asegúrate de darles siempre la oportunidad de crecer delegándoles tareas importantes.

La delegación aumenta la participación de los empleados: No deseas tener empleados robóticos que actúen sin autonomía, responsabilidad o autoridad. Por el contrario, quieres que posean la capacidad de llevar a cabo tareas de manera independiente y efectiva. Cuantas más tareas les delegues, más probable es que se involucren en las operaciones cotidianas. Si les da a la oportunidad de prosperar, tu organización también prosperará.

Como gerente, eres responsable de los cometidos que debe llevar a cabo tu departamento. Pero ¿crees que es necesario que ejecutes todas las tareas para que tu departamento tenga éxito? Esto es poco práctico y difícilmente deseable. Delega y recoge las recompensas.

CÓMO DELEGAR

Delegar significa confiar en otra persona, ya sea un empleado o un compañero de trabajo. Si ese individuo no tiene éxito, tú eres el responsable del resultado. En última instancia, no puedes desentenderte de tu propia responsabilidad por la tarea hasta que ésta se haya ejecutado con éxito. Si tu empleado mete la pata, tu jefe te echará la culpa, independientemente de los motivos por los cuales no se haya terminado la tarea.

Cuando comprendas las fortalezas y las debilidades de tus empleados, tendrás más éxito en el proceso de delegación. Al desempeñar tus funciones gerenciales, debes trabajar de manera continua cómo mejorar la forma de delegar. De todos modos, la delegación beneficia tanto a los gerentes como a los empleados cuando se hace bien. He aquí una guía sobre cómo delegar el trabajo entre los empleados de manera efectiva y adecuada:

Paso 1: Comunica lo que quieres que se haga. Todas las tareas deben ser comunicadas adecuadamente. Haz saber a tus empleados qué quieres que se haga, cuándo te gustaría que se hiciera y qué resultados esperas.

Paso 2: Contextualiza. Para subrayar la importancia de una tarea, explica por qué debe terminarse, cómo encaja en el panorama general y qué desafíos pueden aparecer durante su realización.

Paso 3: Acuerda los estándares. Determina qué estándares se utilizarán para medir el éxito de la finalización de la tarea. Asegúrate de que los estándares sean alcanzables y realistas.

Paso 4: Da autoridad. Los empleados deben tener autoridad para completar las tareas, sobre todo sin obstáculos de los compañeros de ni otras barreras.

Paso 5: Apoya. La finalización exitosa de la tarea requiere formación, dinero, controles de progreso y otros recursos importantes. ¡Apoya a tus empleados!

Paso 6: Adquiere un compromiso. Pretendes asegurarte de que tu empleado haya aceptado completar la tarea. Confirma tus expectativas y la su comprensión de lo que debe hacerse.

DISCIERNE QUÉ DELEGAR

Es cierto que, en teoría, puedes delegar en tus empleados cualquier tarea de la que seas responsable. Pero si asignas todas tus tareas a otra persona, ¿por qué estás ocupando tu puesto de trabajo? La realidad es que algunas tareas son más apropiadas para ti, el gerente, mientras que otras las puedes delegar en tus empleados.

Delega tareas de mayor nivel a tus empleados a medida que con el tiempo adquieran más experiencia, conocimientos y confianza. Evalúa cuán capaz es un empleado y luego asigna tareas que cumplan o excedan su nivel de experiencia; utiliza calendarios y controla su progreso a lo largo del tiempo. Esto te ayudará a ver si se siente superado o si, por el contrario, es adecuado para las tareas asignadas. Cuanto más delegues, mejor lo harás. ¿Aún no sabes qué delegar? Intenta asignar lo siguiente a los empleados:

Tareas repetitivas: Las tareas rutinarias, como redactar informes de gastos semanales o las revisiones mensuales del presupuesto, son algunas de las tareas repetitivas que puedes asignar a los empleados. Tienes que dedicar tu tiempo a tareas de nivel superior; no lo pierdas en tareas como éstas.

Recopilación de información y trabajo detallado: Las tareas técnicas detalladas o la investigación exhaustiva pueden hacerte perder un valioso tiempo. Tu posición como gerente requiere que te centres en el panorama general para lograr el éxito de tu equipo. Deja los detalles para tus empleados y concentra tus propios esfuerzos en otros aspectos generales.

Roles subrogados: Como gerente, te pedirán tu presencia en reuniones y presentaciones. Sin embargo, como no puedes estar en varios lugares a la vez, brinda a tus empleados la oportunidad de sustituirte. Gracias a ello, ahorrarás tiempo y tus empleados te informarán de las cuestiones más relevantes del acto al que no has asistido.

Tareas futuras: La delegación también sirve como una excelente manera de formar a tu personal para futuras responsabilidades laborales: permitir a tus empleados que te ayuden en determinadas tareas les da una idea de todo cuanto pueden aprender y luego asumir.

Al mismo tiempo, hay ciertas cosas que no debes delegar… y punto. Evita delegar las tareas que expongo a continuación porque constituyen una parte integral de tus responsabilidades como gerente:

Dar retroalimentación sobre el desempeño: Claro, los empleados de nivel inferior pueden elogiar el trabajo de sus compañeros de trabajo, pero la retroalimentación formal de desempeño es un proceso oficial que requiere tu participación.

Crear una visión y objetivos: Como gerente, tienes una perspectiva única sobre las necesidades de la organización. Después de todo, cuanto más alto sea el cargo que desempeñes en la organización, más amplia será tu perspectiva. Cualquier empleado puede y debe hacer sugerencias y aportes, pero es tu cometido desarrollar y decidir sobre la visión y los objetivos a largo plazo de la organización.

Asesorar y disciplinar: Los negocios de hoy en día pueden ser frenéticos y estresantes, pero la disciplina y el asesoramiento son dos cosas que deberás imponer como gerente. Establece objetivos y estándares con tus empleados, y luego aconséjales si no pueden cumplirlos según el calendario acordado. Ten presente que sólo tú decides si tus trabajadores han cumplido con las expectativas o no.

SEGUIMIENTO DE TU DELEGACIÓN

Imagínate esto: ya se han superado los obstáculos iniciales de la delegación. Has asignado una tarea a uno de tus empleados y ahora esperas con expectación para ver los resultados de su desempeño. Tu empleado ha recibido los recursos y la formación adecuados, y se ha definido el rango de la tarea.

Después de explicarle a qué resultados esperas (y cuándo los esperas), ¿cuál debe ser tu siguiente paso?

Un posible proceder podría ser verificar el progreso de la tarea una y otra vez, con más frecuencia a medida que se acerca la fecha límite. Podrías presionarlo para obtener detalles, distrayéndolo así de la tarea en cuestión y aumentando su frustración por su microgestión. Puede que presente los resultados a tiempo, pero pueden ser incompletos o incorrectos, y puede mosquearse con tu aparente falta de confianza en sus habilidades. O bien podrías no hacer absolutamente nada después de asignarle la tarea y, en lugar de acosarlo para obtener actualizaciones del progreso o de ofrecerle apoyo constantemente, te dedicas a otro asunto.

Cuando llega la fecha límite, te sorprendes al saber que la tarea no se ha llevado a cabo.

Basándote en estas dos opciones extremas, podemos ver que monitorear de una manera efectiva el proceso de delegación es absolutamente básico para el éxito. Los estilos de monitoreo pueden diferir de un empleado a otro, pero el efectivo en la delegación siempre requiere:

Mantener abiertas las líneas de comunicación: Antes de que resulte demasiado tarde, asegúrate de que tus empleados sepan y entiendan que deben informarte si no pueden superar un obstáculo. Averigua si necesitan más recursos o mejor formación, y dedícales tiempo cuando te pidan ayuda.

Llevar a cabo un seguimiento de las asignaciones: Ya sea con un calendario, una aplicación para smartphones o una herramienta de gestión de proyectos online, debes llevar a cabo un seguimiento de los detalles básicos de la asignación de tareas, como cuál es la tarea, quién es el responsable de su finalización y cuándo debe estar terminada. Organízate y te asegurarás el éxito.

Adaptar el enfoque de monitoreo: Adapta la forma en que supervisas el progreso de los empleados según las habilidades y la experiencia específica de cada uno de ellos. Por ejemplo, si un empleado suele realizar su trabajo con poca supervisión de tu parte, puedes crear un sistema de monitoreo que tenga pocos hitos a lo largo del proceso. En cambio, uno que necesita más apoyo puede ser monitoreado con un mayor control.

Cumplir los acuerdos: La responsabilidad es clave. Si los informes llegan tarde, responsabiliza a tus trabajadores, independientemente de lo tentador que puede resultar pasar por alto el fracaso. Deben comprender lo importante que es asumir la responsabilidad personal por su desempeño laboral y, si no se lo comunicas, es posible que no cumplan con los plazos, lo que afectará negativamente los objetivos y los éxitos del equipo.

Recompensar por los éxitos y aconsejar sobre todo lo demás: Explica a tus empleados cuándo se cumplen sus expectativas y cuándo no. A fin de cuentas, así es como tus equipos y organizaciones sabrán qué actuaciones son buenas y cuáles no. Un conocimiento como éste puede ayudar a asegurar actuaciones efectivas y exitosas en el futuro. No obstante, recuerda siempre: critica en privado y elogia en público.

8

La visión

La misión es la estrella por la que nos guiamos.
Todo comienza con la misión, todo fluye de la misión.
FRANCES HESSELBEIN, exdirectora ejecutiva de las Girl Scouts

Cuando un gerente espera mejorar el compromiso entre los empleados, a menudo el primer paso consiste en crear y brindar a los trabajadores una visión clara y convincente de su organización. Éstos deben saber qué es exactamente lo que la organización está tratando de hacer porque este conocimiento les da la motivación para lograrlo (sobre todo cuando se presenta algún reto o un obstáculo). Cuando los empleados entienden el propósito que subyace en las tareas, hay muchas más posibilidades de que partan de manera más efectiva hacia el éxito individual y del equipo.

¿Cuándo son más elevados los niveles de compromiso de los empleados? Cuando se alcanzan o superan los objetivos de la empresa o los personales. Y siempre que sea así, aquellos que lo están haciendo bien se sienten confiados, y esta energía positiva afecta y beneficia a otras áreas de desempeño. Es muy probable que observes que la calidad aumenta con respecto a los productos fabricados o al servicio de atención al cliente que ofrece tu organización a medida que cada vez más empleados se sienten motivados y se involucran en sus trabajos, y,, por ende se alcanzan más objetivos.

Los clientes, impresionados por los servicios que reciben, aumentarán su fidelidad a tu marca o a tu empresa, y las ventas y los ingresos se dispararán. Echemos un vistazo a la creación de una visión y una misión organizacional.

¿Cuán seguro estás de que tus trabajadores comprenden el propósito de tu organización, de su por qué? Intenta consultar directamente con ellos para descubrirlo. Pregúntales cuál es la misión de la organización y cuál es (o debería ser) su papel para lograr ese propósito.

Si consigues las mismas respuestas de cada uno de los empleados interrogados, es muy probable que la empresa vaya por buen camino y que todos hayan llegado a un entendimiento mutuo de la misión del grupo. En cambio, si recibes respuestas muy diferentes, es posible que tengas que enfrentarte a los hechos: el mensaje de tu organización no es claro, se malinterpreta o ha cambiado con respecto a la pretendida propuesta original.

Si la misión de tu organización no es evidente, puedes utilizarlo como una oportunidad para revisar la función y el propósito de tu negocio o de tu grupo. Hace algunos años, Frances Hesselbein, presidenta del Foro de Liderazgo Frances Hesselbein y exdirectora ejecutiva de las Girl Scouts de Estados Unidos, me pidió que actualizara un libro del gurú de la gestión Peter Drucker. El libro, *The Five Most Important Questions You Will Ever Ask About Your Organization*, es una excelente guía para aclarar la misión de una organización.

Éstas son las cinco preguntas más importantes de Peter Drucker:

Pregunta 1: ¿Cuál es nuestra misión? Peter Drucker resume lo que es una misión de una manera muy concisa: «La declaración de misión efectiva es corta y debe estar claramente enfocada. Debe caber en una camiseta. La misión dice por qué haces lo que haces, no los medios por los cuales lo haces».

Pregunta 2: ¿Quién es nuestro cliente? Drucker dice: «Responder a la pregunta "¿Quién es nuestro cliente?" proporciona la base para determinar qué valoran los clientes, definir sus resultados y desarrollar el plan».

Pregunta 3: ¿Qué valora el cliente? Según Peter Drucker, «La pregunta ¿Qué valoran los clientes? (qué satisface sus necesidades, deseos y aspiraciones) es tan complicada que sólo los propios clientes pueden responderla [...] ¿Qué valora el cliente?, puede ser la pregunta más importante. Sin embargo, es lo que menos se pregunta».

Pregunta 4: ¿Cuáles son nuestros resultados? Como explica Drucker, «El progreso y el logro se pueden evaluar en términos cualitativos y cuantitativos. Estos dos tipos de medidas están entrelazados: se hacen luz el uno al otro, y ambos son necesarios para iluminar de qué manera y en qué medida están cambiando las vidas».

Pregunta 5: ¿Cuál es nuestro plan? Los planes también son importantes. Drucker dice: «Un plan [...] es un resumen conciso del propósito de la organización y la dirección futura. El plan abarca misión, visión, metas, objetivos, pasos de acción, un presupuesto y una evaluación».[1]

Cuando empieces a decidir en qué deben centrarse tus equipos, departamentos u organización para tener éxito, considera comenzar este proceso con alguna aclaración de la visión. Cuando tengas tus resultados, ten en cuenta que deben incluir un propósito que obligue, o una misión que inspire, a todos los involucrados a alcanzar nuevas metas. Luego, a partir de esta visión, puedes discernir y desarrollar qué tipo de ventajas únicas tiene tu empresa sobre la competencia: ¿qué puede ofrecer a los potenciales clientes que las organizaciones competidoras no pueden?

Tus puntos fuertes son tus ventajas en el mercado, son las áreas que pueden ayudarte a tener éxito si las capitalizas. Dado que el entorno empresarial sigue cambiando, necesitas destacar más que nunca para atraer y mantener la atención del cliente. Deben analizarse y evaluarse con frecuencia las ventajas competitivas únicas que tienes para ofrecer, porque las necesidades de tus clientes cambiarán rápida y frecuentemente.

---

1. Drucker, P.: *The Five Most Important Questions You Will Ever Ask About Your Organization*, Jossey-Bass, San Francisco, 2008, pág. XII.

Actualmente, ¿qué funciona y qué no en tu negocio? Ésta es la pregunta que debes hacerte después de haber aclarado la visión de tu grupo y reevaluado tus objetivos. Por ejemplo, es posible que tus clientes de toda la vida hayan decidido recurrir a tus servicios con menos frecuencia, mientras que nuevos clientes han comenzado a suscribirse a lo que ofreces. ¿Puedes determinar qué tienen en común todos tus nuevos clientes y utilizar esta información para acercarte a potenciales clientes similares?

Los objetivos de tu compañía requerirán estrategias modificadas a medida que cambien los tiempos en el mercado moderno. Cuando necesites ayuda con estos cambios, es una gran idea involucrar a tus empleados y pedirles sus opiniones y aportaciones. Esto no sólo ayudará a que se sientan valorados y les dará la oportunidad de participar y crecer, sino que también puedes conseguir estrategias nuevas y eficientes para mejorar las operaciones comerciales, aumentar el servicio al cliente y tomar decisiones fiscales más inteligentes.

COMUNICA TU VISIÓN Y MISIÓN

Los empleados quieren tener mucha información durante el transcurso de sus trabajos. Quieren disponer de toda la información necesaria para completar las tareas que les han sido asignadas, y quieren saber cuán exitosa es (o no) la organización y qué están haciendo los compañeros de trabajo.

Los temas de interés pueden incluir productos y servicios de la empresa, estrategias de éxito, valores y visión, e incluso acontecimientos actuales de empresas competidoras. Ésta puede ser muchísima información para absorber, pero la gerencia debe comunicar todo esto a los empleados de una manera clara y efectiva.

Una gran mayoría de empleados quiere que los gerentes se comuniquen más y mejor. Por desgracia, muchos empleados comentan que no reciben la comunicación que necesitan. Según una encuesta de Interact/Harris, el 91 % de los empleados encuestados afirmó que sus gerentes no se comunicaban bien. Más específicamente, el 57 % informó que su gerente no daba instrucciones claras, el 52 % dijo que su gerente no tenía tiempo para reunirse con ellos y el 51 % comunicó que su gerente se negaba a hablar con los subordinados.[2]

Cuanto más eficaz sea la comunicación, mayor será la moral. Y en el mismo sentido, cuanto menos eficaz sea la comunicación, menor será la moral. Podemos estar seguros de una cosa: si un empleado no está bien informado, su capacidad para desempeñarse en el lugar de trabajo es ciertamente limitada.

Lamentablemente, no compartir información con los empleados es un error que a menudo cometen muchos gerentes y organizaciones. Por ejemplo, puede suceder que la gerencia de alto nivel no comparta información porque no estén completamente seguros de lo que ocurrirá en un futuro próximo en un panorama empresarial cambiante. En otras situaciones, es posible que un gerente no comparta información porque cree que si lo hace el personal de nivel inferior conduce a una reducción de su estatus y su poder.

A veces, los gerentes tienen buenas intenciones cuando ocultan información. Sin embargo, esto puede resultar contraproducente, independientemente de la intención original. Por ejemplo, cuando la gerencia no informa a los empleados sobre las crisis pendientes o incluso la posible pérdida del puesto de trabajo, es posible que esté tratando de «proteger» a sus trabajadores. Un gerente puede pensar que si no les da esta terrible noticia, está evitando que sientan el miedo y la ansiedad asociados con ella. Pero la mayoría de las veces, estas acciones bienintencionadas conducen a conversaciones secretas en los pasillos y reuniones a puertas cerradas entre el personal administrativo, lo que genera una sensación de inquietud entre los empleados. Y, cuando los empleados se sienten incómodos, sólo imaginan los peores escenarios, comienzan a especular y sienten un mayor temor.

Los trabajadores no sólo quieren saber qué está sucediendo en sus puestos de trabajo y su organización, sino que también necesitan conocer noticias y actualizaciones, aunque dichas noticias sean malas y probablemente provoquen ansiedad. Si la empresa tiene problemas,

---

2. Interact/Harris Poll. «Interact Report: The Top Complaints from Employees about Their Employers», *Interact Authentic Communication*, julio de 2015. [Disponible en: interactauthentically.com]

no hay nada de malo en ser honesto y transparente con quienes trabajan para ti. De hecho, a medida que vayas comunicando más información a tus trabajadores, incluso puede producirse un incremento del trabajo en equipo, la lealtad y la dedicación.

Asimismo, puedes utilizar cualquier mala noticia como una oportunidad para hacer un *brainstorming* con los empleados sobre ideas, planes y soluciones.

Mantenerles informados puede hacerte dudar al principio, sobre todo si crees que hacerlo los herirá o los asustará de alguna manera. Sin embargo, involucrar y comunicarte con ellos desde el principio y con frecuencia les inculca un mayor sentido de responsabilidad, valor y confianza.

CÓMO UTILIZAR LA COMUNICACIÓN DIRECTA Y BIDIRECCIONAL

No hay necesidad de endulzar la información que debe comunicarse. En realidad, los empleados no buscan una comunicación endulzada, sino la verdad, expresada de manera concisa y clara.

Si las ventas de la compañía han caído, merecen saberlo. Al comunicar y compartir esta información, les remarcas que el desempeño de tu organización es de propiedad colectiva. Independientemente del puesto (desde el personal de primera línea hasta la gerencia ejecutiva), todos comparten la responsabilidad del desempeño de la organización, ingresos, futuro y errores incluidos.

Los mensajes que envías cuando compartes información importante con los empleados no se limitan a mensajes simplemente relacionados con noticias y actualizaciones. Cuando les das acceso al panorama y los planes fiscales de la organización, les estás enviando el mensaje subyacente de que son valiosos y fundamentales para el éxito. Este mensaje crea un mayor sentido de responsabilidad: los empleados reconocen que, en lugar del problema, son parte de la solución. Darse cuenta de esto le da la confianza necesaria para reforzar sus capacidades, centrarse y realizar el trabajo que ayudará a sacar a la organización de un aprieto.

Crear líneas de comunicación más abiertas puede ayudar a iniciar una nueva época de honestidad, responsabilidad y confianza. Al mismo tiempo, establecer una comunicación abierta puede acabar con ciertas prácticas negativas, como los chismes y los falsos rumores. Dado que éstos suelen surgir en la incertidumbre y van cargados de negatividad, a todo el mundo le interesa que acabes con ellos de inmediato.

En caso de duda, es mejor cometer el error de compartir demasiada información con tu gente que demasiada poca. Cuanta más certeza puedas crear dentro de tu organización, menos incertidumbre habrá y menos razones para que los empleados chismorreen o difundan rumores. Además, con más información, los trabajadores serán capaces de tomar decisiones mejores y más informadas, lo que hará que tu organización progrese de manera exitosa.

ESTRATEGIAS DE LA FUERZA LABORAL DEL SIGLO XXI

Al mirar hacia el futuro, vale la pena considerar algunos temas comunes para tener éxito durante las próximas décadas. Mientras revisas los temas siguientes, considera cómo podrían o deberían formar parte de tus propios planes de futuro.

Contratación

Atrás quedaron los días de arrojar a la gente a un problema. A medida que se reduce la oferta de trabajadores capacitados, es más importante que nunca contratar de manera inteligente y encontrar a las mejores personas para desempeñar cada uno de los puestos de trabajo dentro de la organización. Esto requiere la creación de un sólido sistema de contratación que identifique a los mejores candidatos, los incentive a postularse para los puestos vacantes y los someta a un riguroso proceso de entrevista y evaluación.

Al mismo tiempo, algunos gerentes están reinventando por completo sus modelos comerciales o están creando nuevas empresas que necesitan menos trabajadores. Algunos están rediseñando sus negocios para crear trabajos que aprovechen las habilidades y actitudes de los triunfadores en el *pool* de talentos disponible. Casi todos están reevaluando el nivel de competencia y compromiso de su fuerza laboral actual.

Todo negocio necesita un proceso sistemático para calificar el desempeño de los empleados y descartar a los de rendimiento bajo. Este proceso debe ser justo y transparente, y debe aplicarse indefectiblemente y actuar rápidamente sobre sus resultados.

Compensación

Los líderes empresariales en general buscan ahorrar costes y reducir sus nóminas. Sin embargo, la mayoría comprende que existe una delgada línea entre ahorrar dinero y crear un grupo de empleados desmotivados, muchos de los cuales buscan constantemente un trabajo mejor remunerado en otra empresa. Atraer a los mejores talentos requiere no sólo pagar a sus empleados de manera justa, sino un poco más que la tarifa estándar del mercado en tu industria y área geográfica. Al pagar un poco más, atraerás a mejores empleados y los mantendrás más felices y comprometidos con su trabajo.

Propiedad

Los ejecutivos pueden decidir utilizar las participaciones y la propiedad como una zanahoria, pero éstas no deben distribuirse de manera fácil o arbitraria. Las compañías privadas se sienten menos inclinadas a otorgar la propiedad, incluso a los empleados de rango superior, si no demuestran contribuciones específicas más allá de sus objetivos salariales. Por ejemplo, hace años, una empresa de desarrollo de *software* para la que trabajé me otorgó participaciones cuando logré y luego amplié un contrato muy grande de varios años con uno de nuestros clientes. No me habrían ofrecido las acciones si no hubiera hecho esta importante contribución al éxito a largo plazo de la compañía. En ese momento, mis atribuciones reales se encontraba muy por debajo de ese cometido.

Cultura

Existe un amplio consenso en que el enfoque de la cultura de la compañía debe ser la creación de un entorno que fomente la felicidad, la inclusión, el compromiso, la productividad y la creatividad de los empleados. La necesidad de ser ágil se ve reforzada por la obtención de apertura, haciendo énfasis en un poderoso entorno colaborativo en el que se incentive activamente a todos a trabajar juntos por un objetivo común.

Algunos ejecutivos y gerentes adoptan un punto de vista menos tradicional para establecer objetivos comunes. En lugar de considerar el tamaño o la productividad como el objetivo principal, Lisa Hendrickson, propietaria y directora de operaciones de la multimillonaria Hendrickson Custom Cabinetry con sede en la ciudad de Nueva York, analizó de cerca la cultura de la empresa. Como resultado, reestructuró su personal en dos tipos de puestos: ventas y aquellos que apoyan las ventas. Así, reconcilió el control de calidad y la productividad como componentes de apoyo que, en última instancia, aumentaban las ventas al tiempo que aseguraban el crecimiento y el éxito.

Retención

Los líderes empresariales comienzan a explorar formas creativas de ayudar a los empleados a promover su desarrollo personal de manera que los conecten con los objetivos a largo plazo de la compañía. Éste es un punto crucial que los futuros líderes en gestión deben tener en cuenta, no sólo para reducir los costes de sustituir a los empleados, sino también para garantizar su bienestar y su compromiso con su trabajo. El objetivo es garantizar que los empleados creativos y productivos se mantengan fieles a sus organizaciones y no se vayan a trabajar a otro lugar. Al brindar a los empleados oportunidades de crecimiento interno, en muchos casos los gerentes pueden aplazar la búsqueda de oportunidades externas por parte de los empleados, tal vez indefinidamente.

Comunicación

Hoy en día, es vital que los canales de comunicación estén ampliamente disponibles en las organizaciones para permitir el envío de mensajes y la colaboración rápidos, fáciles y generalizados entre los empleados y la gerencia. Para conseguir este objetivo, las empresas están mejorando y redefiniendo sus sistemas de comunicación para crear un entendimiento más sencillo entre empleados y gerencia. Los sistemas de comunicación y colaboración basados en la nube, como Slack, Trello o Microsof, entre otros, están ganando terreno. Además, los métodos de colaboración lateral tienen un amplio respaldo hoy en día y han sustituido los sistemas verticales del pasado. Dado que la mayor parte de la capacidad de toma de decisiones le corresponde a una persona, ahora las reuniones se ven como oportunidades para colaborar creativamente y para aprender a utilizar a los demás como recursos.

TU PERSONALIDAD DE GERENTE

Maritz, fundada en 1894, diseña y ejecuta programas de recompensas y reconocimiento de empleados para otras empresas. Cuando era ejecutivo de la compañía, Rick Garlick escribió un artículo que describía seis tipos distintos de personalidad de supervisor que surgieron de una encuesta realizada por Maritz a trabajadores estadounidenses. Estos tipos de personalidad, que también son aplicables a los gerentes, determinan, en gran medida, cómo alguien gestiona a los demás y si será cualificado como un buen o mal jefe.

¿Cuál de estos tipos de personalidad dirían tus empleados que muestras en la oficina todos los días?

El profesional respetado. Estos gerentes, que representan el 29 % del total en la encuesta de Maritz, llevan a cabo operaciones comerciales de manera eficiente. Están motivados por las tareas y son flexibles cuando eso es lo que se requiere para hacer el trabajo. Son honestos y de fiar, pero mantienen la distancia. Los profesionales respetados son vistos positivamente por quienes trabajan para ellos. De hecho, el 76 % de las personas encuestadas describieron a estos profesionales como «Superman o Wonder Woman, abiertos a tus ideas».

El mentor afectuoso. Estos gerentes son honestos, alegres, generosos, amigables y flexibles, y obtienen las puntuaciones más altas en lo que respecta a los niveles de compromiso de sus empleados. Los mentores solidarios ponen a sus empleados en primer lugar y se preocupan de verdad por las personas que trabajan para ellos. Los empleados con jefes mentores afectuosos (sólo el 26 % del grupo total encuestado) tienen una mayor afinidad hacia los clientes y es más probable que permanezcan en la empresa a largo plazo y la recomienden a otros. Los mentores afectuosos fueron descritos como Superman o Wonder Woman por el 81 % de los encuestados.

El ganador a cualquier precio. Estos gerentes son considerados duros, controladores, incoherentes, inútiles y despiadados, y no son vistos como éticos, honestos o inteligentes. De hecho, a menudo se los describe como maquiavélicos, es decir, creen que el fin casi siempre justifica los medios. Los gerentes que quieren ganar a cualquier precio no son respetados por sus empleados, y éstos tienen un nivel de compromiso particularmente bajo. El 19 % de los encuestados informó tener jefes de este tipo y el 71 % afirmó que despediría a esta persona si pudiera.

El supervisor. Si bien, al igual que los gerentes que son ganadores a cualquier precio, los supervisores son vistos como duros y controladores, obtienen puntuaciones más altas tanto en ética como en competencia. Los gerentes tienen la clásica personalidad tipo A, están centrados en lograr sus objetivos y no son alegres ni pacíficos. Las personas no son una prioridad para ellos, lo que hace que sus empleados tengan niveles bastante bajos de compromiso y lealtad. Aproximadamente, el 10 % de los empleados dijeron tener supervisores como jefes y, en general, no consideraron que éstos fueran eficaces.

El perdedor simpático. Estos gerentes (que representan el 9 % del total pueden ser encantadores e íntegros, pero sus empleados los consideran incompetentes e incoherentes. Los empleados no respetan a los jefes perdedores simpáticos y preferirían tener otro tipo de jefe. Los encuestados describieron a los perdedores simpáticos como el «hombre invisible» (34 %) o como Charlie Brown (27 %).

El falso. A primera vista, estos gerentes parecen ser amigables y flexibles, una versión más amigable del gerente ganador a cualquier precio. Pero tras esta fachada descubrirás que los empleados consideran que estos gerentes falsos son deshonestos, poco de fiar, inútiles e insensibles. El segundo peor tipo de gerente en la encuesta, aproximadamente el 7 % de los empleados informaron que tenían personas falsas como jefes.[3]

TÁCTICAS DE LA FUERZA LABORAL DEL SIGLO XXI

He aquí cinco acciones que puedes llevar a cabo para mejorar el ambiente de tu fuerza laboral en el actual mundo empresarial rápidamente cambiante.

Abrazar las culturas. Dedica tiempo y energía a comprender los antecedentes culturales de tu gente. Y no sólo sus antecedentes étnicos o sociales, sino también cómo encajan en el lugar de trabajo. Por ejemplo, es posible que los empleados que llevan más tiempo trabajando (y que pueden sentirse incómodos al tener que enfrentarse al miedo y el cambio) no se interrelacionen con los empleados nuevos (que pueden estar muy motivados, entusiasmados y empoderados), lo que lleva a conflictos y tensiones. La gerencia debe dedicar recursos para conocer las perspectivas de los diferentes grupos organizacionales y crear programas interculturales para fomentar la empatía en todos los ámbitos.

Adoptar la gestión de libro abierto. Aquellas compañías que aún operan sus finanzas a puerta cerrada tendrán dificultades para mantener la confianza y el respeto entre sus empleados. La única forma segura de evitar que los empleados deseen inmerecidamente lo que no tienen es educarlos sobre las realidades del riesgo y la recompensa. Aquellos que deseen ambas cosas darán un paso al frente y tomarán decisiones para garantizar una parte del pastel.

---

3. Garlick, R.: «Managing Your Boss: The Impact of Manager Personality and Style on Employee Performance», *Hospitalitynet*, 3 de septiembre de 2007. [Disponible en: www.hospitalitynet.org]

Crear un campo de juego nivelado con compensación. Evitar las discusiones incómodas con los empleados que cobran demasiado por su bajo rendimiento sólo exacerbará los problemas de personal una vez que los verdaderamente motivados lleguen a la ciudad. Una mayor reestructuración externa te brindará la oportunidad de reexaminar y reestructurar todos los programas de compensación para empleados que ya están listos para el pago por desempeño.

Diseñar un programa de emprendimiento interno. Muchos empresarios quieren empleados que sean más emprendedores, pero no fomentan el crecimiento personal necesario para retenerlos. Asigna recursos a los empleados que puedan generar ideas y ejecutarlas. Idea una compensación que les dé la propiedad de lo que crean. Asegúrate de que estén preparados para aceptar todo el impacto positivo y negativo de la causa y el efecto, así como la responsabilidad total.

Adoptar las tecnologías de la comunicación. Las herramientas de las redes sociales se utilizan en gran medida para generar negocios externos, pero también pueden resultar muy útiles si se aplican internamente. Los empleados más jóvenes ya han sido capacitados en su uso. Brindar a los jóvenes la oportunidad de incorporar a los trabajadores mayores elevará su posición, permitiéndoles contribuir a la vez que empoderas a toda tu fuerza laboral para aprovechar al máximo los avances del siglo XXI.

9

Sé un mejor *coach* y mentor

Asegúrate de que los miembros del equipo sepan
que están trabajando contigo, no para ti.
JOHN WOODEN, entrenador de baloncesto

La lista nunca termina cuando se trata de por qué deberías ayudar a tus empleados a mejorar y desarrollarse. En particular, desde un punto de vista comercial, hacerlo aumenta la calidad de su desempeño laboral. Lo que también es importante es que, como gerente, te encuentras en la mejor posición para apoyar a los empleados con el fin de que puedan desarrollarse y beneficiar a tu organización. Desde oportunidades de aprendizaje y mentoría en el trabajo hasta tareas y asignaciones, la formación, el desarrollo y la orientación que ofrece un gerente son únicos y fundamentales para el desarrollo de los empleados.

¿Aún no estás seguro de que la formación de los empleados deba ser una prioridad?

He aquí algunas razones destacadas (entre otras muchas) que deberían convencerte.

Puedes brindarles oportunidades de aprendizaje: ¿Algunos de tus empleados cometen continuamente errores en las tareas? Incluso aunque la tarea parezca fácil, es posible que tus empleados carezcan de los conocimientos necesarios sobre cómo llevar a cabo la tarea en cuestión. Es posible que no sean unos incompetentes; quizás sólo necesiten a alguien como tú que les brinde orientación, apoyo y oportunidades de aprendizaje.

Necesitarás que alguien se haga cargo de tus funciones: Aunque sea a largo plazo o muy brevemente, habrá un momento en el que necesites que alguien se haga cargo de tus funciones de alto nivel mientras te ocupas de otros asuntos. Así pues, prepara a tus empleados en consecuencia para que tu organización pueda seguir avanzando durante tu ausencia.

Los mejores empleados trabajan de manera más inteligente: ¿Por qué rechazarías la oportunidad de formar a tus empleados si eso significa ayudarlos a trabajar de manera más efectiva y estratégica? Descubre lo que aún tienen que aprender sobre sus funciones y responsabilidades, y haz un esfuerzo concertado para brindarles el apoyo y la información que necesitan.

Tus empleados apreciarán los retos: Algunos empleados se sienten atrapados en entornos de oficina aburridos donde todo es igual día tras día. Esto conduce a una disminución de la energía, la motivación y la productividad en el lugar de trabajo. Pero si priorizas el desarrollo de tus empleados, cualquier reto al que se tengan que enfrentar en el proceso los estimulará y los motivará.

Tus empleados se lo merecen: En cualquier caso, debes formarlos porque reclutar y formar a nuevos empleados cuesta mucho tiempo y dinero. ¡Invierte en ellos hoy para que no tengas que perder tiempo y dinero en reemplazos mañana!

¿Cómo puedes perder si tus empleados ganan? Cuando reciben la formación adecuada, los empleados adquieren habilidades y capacidades de alto nivel que, a su vez, aportarán un increíble valor a tu compañía.

CÓMO DESARROLLAR A TU GENTE

La formación de los empleados es un proceso deliberado y continuo que requiere que los gerentes apoyen a sus empleados. Si ambos se descentran durante este proceso, los empleados no se desarrollarán y la organización tendrá que soportar las dificultades provocadas por trabajadores con una formación inadecuada. Como gerente, trabaja con tus empleados para identificar áreas de mejora, implementar oportunidades de desarrollo y proporcionar recursos y apoyo para que se puedan satisfacer las necesidades de tu organización.

Considera los siguientes pasos para llevar a cabo la formación de empleados a fin de hacer frente a los futuros retos de tu organización:

Paso 1: Programa una reunión con tus empleados. Después de evaluar su desempeño, reúnete con ellos para discutir la visión que tienes para ellos, así como el lugar al que aspiran en la organización.

Paso 2: Mantén conversaciones sobre fortalezas y debilidades. Después, ten una conversación honesta sobre las fortalezas y las debilidades de los empleados. Identifica las áreas que pueden desarrollar para afrontar los retos y progresar dentro de la empresa.

Paso 3: Evalúa el presente. Determina el estado actual de las capacidades y habilidades de tus empleados y considera dónde muestran su potencial.

Paso 4: Crea un plan de desarrollo profesional. Describe qué apoyo formal puedes brindar a tus empleados para desarrollar sus habilidades y detalla los hitos programados.

Paso 5: Asegúrate de que ambas partes cumplan. Honra tu acuerdo de brindar a tus empleados el apoyo que necesitan y controla el progreso con regularidad.

CREACIÓN DE PLANES PARA EL DESARROLLO PROFESIONAL

Los planes de desarrollo profesional pueden ser minuciosos y detallados, pero en esencia deben contener los siguientes elementos clave:

Objetivos de aprendizaje específicos: Identifica objetivos de aprendizaje específicos cuando te reúnas con ellos para hablar sobre el desarrollo y la planificación profesional. Independientemente del nivel de empleo o de experiencia, todas las personas de tu organización pueden beneficiarse de tener este tipo de objetivos: todos tenemos espacio para mejorar.

Recursos de objetivos: Cuando hayas discutido los objetivos de aprendizaje, identifica y proporciona los recursos que se requieren para ayudarlos a conseguir sus objetivos. Estos recursos pueden incluir asignaciones de equipo, formación reglada, período de observación profesional, etc.

Recursos y responsabilidades de los empleados: Tanto el gerente como los empleados son responsables del desarrollo profesional de los empleados. Aunque una compañía puede pagar la formación y otras oportunidades de desarrollo, ¡los empleados deben seguir formándose en su tiempo libre!

Plazos para cumplir los objetivos de aprendizaje: Si no se programan hitos para la consecución de los objetivos, ¿cómo puede resultar efectivo un plan de desarrollo profesional? Los mejores calendarios de objetivos proporcionan flexibilidad a los empleados, así como tiempo suficiente para llevar a cabo las tareas diarias y el progreso del desarrollo profesional.

Estándares de medición del progreso: Para cada objetivo, asegúrate de tener un método claro para medir el cumplimiento del objetivo.

CÓMO SER UN GRAN *COACH*

El *coaching* es fundamental para el proceso de aprendizaje de un empleado, básico para el desarrollo de la confianza en uno mismo, la adquisición de nuevas habilidades y el aprendizaje de cosas nuevas.

Cualquiera puede ser un buen *coach*, incluso tú como gerente que eres.

Es posible que te estés familiarizando con las funciones de un gerente, pero ¿sabías que ser *coach* significa ser consejero, compañero de trabajo y animador, todo al mismo tiempo?

Al igual que sucede con otras habilidades comerciales, siempre puedes practicar y mejorar los rasgos que tiene un buen *coach*. ¿Cuáles estás empleando en este momento y cuáles necesitan ser más trabajadas?

Brindar apoyo y aliento: Hay muchas oportunidades para que los empleados, tanto los nuevos como los que llevan mucho tiempo en la empresa, se sientan desincentivados en el trabajo. Un *coach* sabe cómo intervenir y ayudar a inspirar a todos para reencaminarlos.

Enfatizar el éxito del equipo: En lugar de hacer crecer a un miembro del equipo en particular, un *coach* sabe que lo más importante es el desempeño general de un equipo. Esto requiere el esfuerzo de cada uno de sus miembros.

Inspirar a los miembros del equipo: Un *coach* es especialmente hábil a la hora de inspirar a otros a dar lo mejor de sí mismos y lograr el éxito del equipo.

Crear entornos alentadores: Un gran *coach* conoce la importancia de un entorno de trabajo que fomente el crecimiento y permita el éxito.

Proporcionar retroalimentación: Un *coach* proporciona retroalimentación continua y sólida que ayuda a los empleados a saber qué están haciendo bien y qué mal. Al mismo tiempo, éstos deben pedir ayuda al *coach* cuándo la necesitan.

El *coaching* es una actividad que requiere prestar mucha atención a las necesidades, debilidades y fortalezas específicas de tus empleados. El apoyo que brindes variará entre los miembros del equipo: los más independientes requerirán menos controles de progreso, mientras que los que necesiten ayuda precisarán un mayor nivel de apoyo.

Independientemente de cuál sea tu estilo de *coaching*, éstas son las técnicas que emplean los mejores *coach* para conseguir desempeños estelares de sus empleados.

Explicar «el porqué»: Un *coach* no sólo explica a los empleados qué hacer, sino que les explica también por qué lo están haciendo. Los *coach* más efectivos siempre proporcionan a los trabajadores una perspectiva general y contexto.

Estar disponible para los empleados: Mantén la puerta abierta a tus empleados, pasea por la oficina y haz siempre un esfuerzo para visitarlos en sus mesas. Así les dejas claro que estás disponible. De esta manera, saben a quién acudir cuando tengan una necesidad.

Ser una caja de resonancia: ¿Sus empleados se están encontrando en un apuro? Un *coach* ayuda a los empleados a resolver problemas mediante el uso de habilidades de escucha activa y hablando de nuevas ideas y enfoques con ellos.

Ofrecer ayuda: Las cargas de trabajo pueden ser abrumadoras, especialmente para quienes están aprendiendo sus nuevos trabajos. Un buen *coach* ayuda a superar las fases de transición tomando medidas para aliviar la presión, como por ejemplo reasignar las tareas actuales a otros empleados.

Transferir conocimientos: Otra forma en que un *coach* puede ayudar es aportando su conocimiento y su perspectiva personal en respuesta a las necesidades únicas de cada miembro del equipo. Un *coach* se ha enfrentado a muchas situaciones durante su ejercicio profesional, y sus experiencias pueden ayudar a los empleados más nuevos.

Enseñar, no sólo explicar: No hay mejor manera de enseñar y aprender que este método. Guía a tus trabajadores a través de los procesos laborales explicando los procedimientos mientras ejecutas una determinada tarea, pidiéndoles que completen el mismo procedimiento mientras explicas los pasos y, finalmente, pidiéndoles que expliquen los pasos mientras realizan nuevamente la tarea.

Una gran parte de tu trabajo como gerente consiste en construir una base de pequeños éxitos todos los días que te guiarán a victorias más grandes en el futuro. Un *coach*, por otro lado, enfoca su energía diaria en evaluar el progreso de los empleados y ver cómo se pueden capitalizar las fortalezas, las oportunidades y los puntos de inflexión de los trabajadores.

Puedes seguir una serie de pautas para gestionar cualquier inquietud de los empleados. Entre éstas se incluyen dar retroalimentación positiva abiertamente, tener discusiones relajadas sobre inquietudes y áreas de mejora, escuchar atentamente y progresar con controles y apoyo. Asegúrate de ser paciente y también expresa entusiasmo acerca de tu confianza en tus empleados. Te apreciarán y pueden utilizar este impulso para tener un buen desempeño.

EL PODER DE LA MENTORÍA

Cuando eres un empleado nuevo que carece de experiencia, tener a alguien con experiencia que te guíe a medida que avanzas no tiene precio. Esta persona sabe cómo llegar a la cima, puede asesorarte en la toma de decisiones e incluso puede actuar como *coach* o como orientador. Esta persona es un *mentor*.

No siempre se supone que un gerente es un mentor. Mientras que el trabajo de un gerente es formar y guiar a los empleados, los mentores asumen un papel de asesor de confianza y acostumbran a ocupar un lugar destacado dentro de la organización, no el del jefe de un aprendiz.

Si un mentor te ha encontrado, ¡celébralo! Puede llegar a ser un verdadero tesoro para ti y tu organización. Éstos son los motivos:

Los mentores brindan experiencias con las que crecer: El desarrollo profesional formal a menudo requiere actividades o formación complementarias (por ejemplo, aprender habilidades para hablar en público) que quizás no conozcas. Un mentor te guiará hacia estas actividades porque son importantes para tu futuro crecimiento profesional.

Los mentores proporcionan orientación profesional: A lo largo de los años, es muy probable que tu mentor haya visto entrar y salir a varios empleados y trayectorias profesionales. Tienen más información sobre qué caminos dentro de tu organización carecen de sentido y cuáles proporcionan un avance rápido y seguro.

Los mentores explican el funcionamiento interno de una organización: ¿Alguna vez has notado la diferencia entre lo que en realidad pasa dentro de una organización y lo que se anuncia oficialmente a los empleados? Los mentores pueden comunicar conocimientos y detalles íntimos para que puedas averiguar lo que está pasando en realidad.

Los mentores enseñan con el ejemplo: Observa y aprende. Dado que tu mentor ya lo ha visto todo, permítele que te ayude a aprender las maneras más eficientes de llevar a cabo las tareas.

El proceso de mentoría comienza cuando un empleado con mucha experiencia reconoce el potencial de un empleado nuevo o sin experiencia. Los empleados pueden captar el interés de un potencial mentor durante la colaboración del proyecto o cuando buscan asesoramiento.

10

Motiva a los empleados de hoy en día

Obtienes lo que premias.
Dr. Bob Nelson, experto motivacional

Lo creas o no, lo que el gerente típico cree que sus empleados quieren de su jefe y de su organización es radicalmente diferente de lo que los empleados realmente quieren.

Por ejemplo, mostrar gratitud por los empleados con incentivos monetarios en realidad es menos motivador de lo que esperarías. En general, los empleados afirman que rara vez reciben elogios verbales o agradecimientos por escrito. Esto te brinda una oportunidad de oro para dar las gracias a tus empleados por un trabajo bien hecho.

¿Qué motiva más a los empleados? Según los informes, los incentivos más valiosos son los iniciados por el gerente (que implican un supervisor o un gerente que otorga un reconocimiento directo) y los basados en el desempeño.

Como gerente, tú, más que tu organización, debes iniciar incentivos para que el reconocimiento sea más significativo. Estos momentos de reconocimiento deben ser regulares y frecuentes, y deben enfatizar el desempeño laboral estelar y no la mera participación.

Aunque simples de llevar a cabo, los siguientes incentivos son los que más impacto tienen para los empleados:

- Ofrecer horarios de trabajo flexibles o tiempo libre.

- Reconocer, agradecer o recompensar públicamente a los empleados, en entornos como reuniones de personal o boletines de la compañía; también celebrar los éxitos del departamento y de la compañía.

- Involucrar a los empleados en la toma de decisiones, permitiendo el compromiso y la responsabilidad.

- Dar a los empleados oportunidades para perfeccionar nuevas habilidades y apoyar sus objetivos en un ambiente de trabajo abierto y de confianza.

- Dar con frecuencia las gracias a los empleados, tanto en persona como por escrito, por su excelente desempeño en el trabajo.

ESTABLECE UN AMBIENTE DE TRABAJO INCENTIVADOR

Aunque hay varias maneras conocidas y efectivas de estimular la motivación de los empleados, un lugar de trabajo estresante y sometido siempre a cambios dificulta que los gerentes estén al día con respecto a los deseos y las necesidades de los empleados. Pero los gerentes que inspiran saben cómo aceptar las tendencias y las fuerzas comerciales cambiantes. Sometidos una presión creciente, los mejores gerentes utilizan el poder de las ideas sobre el poder de sus posiciones para motivar a los empleados. Saben que las amenazas y la intimidación son formas ineficaces de motivar niveles más elevados de desempeño de su personal. ¿Quieres crear un lugar de trabajo incentivador? Así es cómo puedes conseguirlo.

Haz que los empleados se sientan cómodos y seguros. ¿Tus empleados tienen problemas para darte malas noticias? Si es así, no se sienten lo suficientemente seguros para comunicar sus errores o preocupaciones. Todos cometemos errores. Evita castigar a los empleados por los errores que cometen. En vez de ello, crea un entorno seguro para los empleados motivados que quieran correr riesgos.

Genera confianza mutua. Aumenta la lealtad, la moral y el compromiso de los empleados incluyéndolos, además de confiar en ellos y respetarlos. Esto dará como resultado mejores ideas a medida que mejore la motivación de los empleados.

Mantén la comunicación abierta. ¿Qué te da una ventaja sobre tu competencia? Comunicación con los empleados rápida, eficiente y honesta. Un entorno colaborativo (no cerrado) fomenta el compromiso y el éxito del equipo.

Recuerda, tu mayor activo son tus empleados. Hoy en día la gerencia va menos de decirle a la gente qué hacer y más de desarrollar a los empleados. Cuando desafías y motivas a tu personal, terminas viendo todo el progreso positivo que éste consigue con sus éxitos.

CONOCE EL PAPEL QUE DESEMPEÑAS COMO FUERZA MOTIVADORA

Si como gerente crees que son los propios empleados quienes determinan cuán motivados están, o que, por naturaleza, determinados empleados tienen buenas o malas actitudes, te sorprenderá saber cuánta influencia tienes en realidad sobre los empleados y sobre cuán motivados están.

Tus deberes gerenciales te exigen que crees un ambiente incentivador que fomente la motivación de los empleados, porque debes saber que *tú* determinas cuán motivados o desmotivados están.

Entonces, ¿cómo puedes sacar a relucir la motivación de los empleados? Considera exigirles estándares elevados. Cuando digas que tienes expectativas altas por lo que respecta a sus habilidades, entenderán que, en última instancia, crees en su potencial. Pronto ellos también creerán en ello.

Al mismo tiempo, asimismo, puedes darles el beneficio de la duda en tus esfuerzos por motivarlos. En lugar de reprimendas y castigos, considera utilizar formación, apoyo e incentivación mientras trabajas para descubrir cómo puedes ayudarles a obtener éxito. Estas sugerencias no sólo te ayudan a encontrar los puntos positivos en tus empleados, sino que también refuerzan de manera efectiva los comportamientos que esperas ver en el lugar de trabajo.

LAS LIMITACIONES ECONÓMICAS COMO FUERZA MOTIVADORA

Aunque el dinero hace que el mundo gire, ciertamente no lo es todo. Tiene cierto valor motivacional, pero la realidad es que no es el factor más importante del desempeño laboral de un empleado. Primas en metálico, aumentos de salario y otras formas de compensación; sí, los empleados las aprecian. Pero demasiados gerentes creen que lo único que quieren es más dinero. Sin embargo, los que pueden pagar las facturas cómodamente buscarán otros aspectos para mantenerse motivados y hacer mejor su trabajo.

Si bien la compensación permite que los empleados hagan su trabajo, es tu responsabilidad encontrar qué les motiva hacer su *mejor* trabajo posible.

El dinero por sí solo no aumentará su nivel de rendimiento. El refuerzo positivo (elogio y reconocimiento, oportunidades de crecimiento y desarrollo, etc.) suele marcar la diferencia entre un empleado desmotivado y uno motivado. De hecho, a medida que el refuerzo positivo suponga un mejor desempeño de los empleados, tu compañía experimentará mejoras en las ventas y los ingresos, lo que en última instancia hará posible el aumento de los salarios de los empleados.

Esencialmente, los incentivos no monetarios serán la clave para mejorar la productividad de los empleados y obtener mayores ganancias financieras para todos. Aunque tentadores de implementar, los incentivos monetarios a menudo son meras recompensas de conveniencia; hacen poco para establecer vínculos entre el comportamiento, los incentivos y los valores de la compañía, e incluso pueden dañar las relaciones interpersonales en el lugar de trabajo. Profundizaremos en los incentivos no monetarios más efectivos más adelante en este capítulo.

CONSTRUYE UN SISTEMA PARA RECOMPENSAR A LOS EMPLEADOS

Los empleados que están constantemente motivados no aparecen de repente. Para ello, tienes que crear un plan para reforzar y recompensar los comportamientos que quieres que adopten:

Paso 1: Establece un entorno abierto e incentivador en el que tus empleados puedan prosperar. Hazlo averiguando qué es lo que más valoran tus trabajadores.

Paso 2: Crea formas de dar las gracias y de reconocer a los empleados cuando se desempeñen bien. Actúa a medida que surjan diferentes oportunidades de reconocimiento.

Paso 3: Trabaja constantemente con los empleados para abordar con honestidad lo que quieren y necesitan.

Paso 4: Sigue tu plan de reconocimiento a medida que va pasando el tiempo, pero ten en cuenta que los planes cambian y evolucionan, ¡así que prepárate!

¿Sabías que en realidad los empleados se sienten menos motivados por el miedo al castigo y más motivados por la posibilidad de obtener recompensas? Para establecer una fuerza laboral efectiva y motivada, debes planificar minuciosamente un sistema de recompensas y ponerlo en marcha. He aquí cómo:

Establece reglas comprensibles: Desarrolla los detalles de tu sistema de recompensas determinando parámetros claros. Asegúrate de que los objetivos sean alcanzables y que los empleados de todos los niveles tengan la oportunidad de ser reconocidos por su arduo trabajo.

Objetivos adicionales de la organización: Las recompensas efectivas deben fomentar un desempeño laboral que contribuya al logro de los objetivos de tu organización. Una recompensa debe reducir la frecuencia con la que se produce el comportamiento no deseado y aumentar la frecuencia con la que se produce el comportamiento deseado.

Obtén apoyo y compromiso: Tanto los empleados como los gerentes deben comprometerse directamente con tu programa de recompensas y tú debes promocionar tu programa de forma continua.

Presta atención a lo que funciona: ¿El sistema de recompensas que estás implementando te está dando los resultados deseados? Vincula estrechamente las recompensas con los comportamientos que buscas reforzar y asegúrate de cambiar las recompensas de vez en cuando para mantener el sistema actualizado.

CÓMO Y CUÁNDO SE DEBE RECONOCER EL TRABAJO DESEMPEÑADO

Hoy en día, los empleados no sólo quieren, sino que también esperan que su trabajo sea reconocido. A pesar de esta abrumadora necesidad de reconocimiento, un estudio del Globoforce WorkHuman Research Institute reveló que el 45 % de los trabajadores estadounidenses encuestados afirmaron que su trabajo no había obtenido reconocimiento alguno durante al menos seis meses, y el 16 % afirmaron que nunca habían recibido dicho reconocimiento.[1]

El reconocimiento adecuado de los empleados suele requerir que consideres lo siguiente:

Formalidad: Las recompensas se pueden dar de manera más espontánea e informal, como con unas palabras de agradecimiento o reconocimiento durante una reunión. Un ejemplo de recompensa

1. Payne, S.: «6 New Stats for Employee Recognition Skeptics», *Workhuman* [blog], 14 de noviembre de 2017. [Disponible en: resources.globoforce.com]

más formal sería, por ejemplo la otorgada durante un programa planificado, como un premio al empleado del mes.

Quién da el reconocimiento: La importancia de la persona que da el reconocimiento es un factor a considerar. ¿El empleado valora más a una persona que tiene un significado emocional para él, o, por el contrario, a una persona que tiene un estatus más profesional?

Tipo de reconocimiento: ¿El destinatario del reconocimiento valoraría más un reconocimiento intangible (anuncios públicos, tiempo libre, ceremonias, etc.) o un reconocimiento tangible (un obsequio, un trofeo o una placa)? Cuando el destinatario valora mucho la forma que tiene el reconocimiento, éste le resulta mucho más importante y valioso.

Timing: Para dar forma de manera efectiva a los comportamientos deseados, asegúrate de que el refuerzo positivo se dé a menudo; esto significa que el reconocimiento que refuerza el desempeño también debe ser frecuente. Al mismo tiempo, debes recordar que tiene que darse inmediatamente después del comportamiento o del desempeño deseados. ¡Si el reconocimiento se hace a destiempo, no tendrá sentido!

Contexto y escenario: Cuando reconoces el buen desempeño de un empleado, puedes hacerlo en público o en privado. Al tomar la decisión, ten en cuenta sus preferencias.

Contingencia: La contingencia tiene que ver con vincular estrechamente el reconocimiento con el comportamiento reconocido. El reconocimiento no contingente es generalizado, mientras que el contingente es específico, otorgado a un empleado después de que muestre un desempeño deseado.

Asegúrate de incluir de manera regular el reconocimiento del éxito de los empleados en reuniones y conversaciones, tanto públicas como privadas. Ten en cuenta que las celebraciones inesperadas son efectivas. Independientemente del método, en tiempos de dificultad dentro de la organización se pueden crear entornos positivos en los que se reconozcan los éxitos y las fortalezas de los empleados.

Y no sólo esto, sino que es más probable que los empleados consigan grandes resultados cuando los gerentes se centran en los logros, en lugar de destacar los errores y los resultados negativos. La investigación psicológica demuestra que el refuerzo positivo funciona mejor que el negativo, porque el refuerzo positivo aumenta la frecuencia del comportamiento deseado y provoca buenos sentimientos entre los empleados.

En definitiva, a veces todo se reduce a dar las gracias, algo que no todos los empleados pueden oír. Más de la mitad de los empleados afirman que los incentivos más motivadores son las expresiones de gratitud de los gerentes. ¡Así que, da las gracias! Y recompensa a tus empleados por sus victorias, sean grandes o pequeñas. Puedes elogiar el logro de los objetivos por parte de tus trabajadores, pero también el progreso hacia su consecución.

RECONOCIMIENTO POR PARTE DE LOS COMPAÑEROS

Tus empleados apreciarán que reconozcas su desempeño laboral ejemplar, pero el reconocimiento de los compañeros tiene una importancia única para ellos. El reconocimiento por parte de los compañeros, que rara vez se espera, a menudo se considera especialmente sincero y bien ganado.

Es así porque los empleados han tenido que evaluar y escoger a uno de los suyos para que reciba el elogio y el reconocimiento.

Anima a los empleados a que agradezcan la labor desempeñada por otros compañeros e inicien programas o premios en el lugar de trabajo para facilitar el reconocimiento entre ellos. Por ejemplo, permite que reconozcan a los empleados modelo pidiéndoles que voten un «Premio elegido por los trabajadores».

Algo así los inspira a que se den cuenta del trabajo de los demás y desarrolla la camaradería.

EL SÁNDWICH DE CUMPLIDO

Debes tener muy presente que, cuando corriges a un empleado, es muy importante que lo hagas de manera correcta. Hazlo mal y es probable que el empleado que esperas motivar termine desmotivado por la experiencia. Considera el siguiente ejemplo de un empleado cuyo comportamiento deseas elogiar, pero, al mismo tiempo, corregir:

> Hola, Susan, sólo quería darte las gracias por mantener las mesas tan limpias para nuestros clientes. El problema es que algunos de los camareros se quejan de que tienes favoritismos: las mesas de determinadas personas se limpian de inmediato, mientras que otras permanecen sentadas quince o veinte minutos antes de que las limpies. ¿Cuál es el problema?

El problema con este enfoque es que cuando justo detrás de un elogio va una corrección, el empleado no oirá el elogio, sino únicamente la corrección. Aunque en el fondo deseas que corrija su comportamiento, has perdido la oportunidad de elogiarlo e incrementar su motivación y su compromiso al poner el foco en la corrección.

Así pues, ¿cuál es la solución? El sándwich de cumplido.

Bill Tobin posee y dirige Tiki's Grill & Bar, el restaurante independiente más concurrido de Waikiki. El restaurante tiene más de 180 empleados en plantilla y sus ventas anuales han crecido en dos dígitos durante los últimos cinco años. Bill utiliza un enfoque para motivar a sus empleados que él llama «el sándwich de cumplido». Un sándwich de cumplido es cuando colocas la corrección «dentro» de dos elogios, como si pusieras una hamburguesa entre las dos mitades de un panecillo.

Como probablemente ya sabes, sobre todo si eres un nuevo gerente o líder, algunas personas tienen problemas para encontrar las palabras adecuadas y también se ponen nerviosas cuando se tienen que dirigir a otras. Tal vez no muestran naturalidad cuando hablan con otras personas o no se sienten cómodas dando retroalimentación. El sándwich de cumplido es una excelente manera de reconocer y corregir a los empleados, y de enseñarles que trabajan para ti a dar retroalimentación a los demás.

La idea que hay detrás del sándwich de cumplido es la siguiente: cuando das retroalimentación a un empleado, primero felicítalo o dile algo positivo. Luego le dices algo negativo: la corrección. Ésa es la parte central del sándwich, la hamburguesa dentro del panecillo. Finalmente, termina con algo positivo. Puedes volver a utilizar el punto positivo que has comentado justo antes, pero a menudo los gerentes que utilizan este método recurren a dos puntos positivos diferentes.

He aquí un ejemplo: supongamos que soy un nuevo gerente que está formando a un ayudante de camarero. Le digo:

—Quiero que vayas a limpiar y poner esa mesa.

El ayudante de camarero lo hace y regresa. Le digo:

—Perfecto. Lo has hecho muy bien.

Éste es el primer cumplido.

—Pero has tardado un poco más de lo necesario. Estas mesas deben estar limpias en treinta segundos, no en un minuto, por lo que debemos esforzarnos un poco en este punto.

Ésta es la corrección.

—Pero, realmente, me gusta la atención que pones en los detalles. ¡Gran trabajo!

Éste es el segundo cumplido.

Cuando sigues este orden al dar retroalimentación (positiva, negativa, positiva), disminuyes el impacto de lo negativo sobre un empleado y haces que el proceso sea más fácil para ti al seguir al pie de la letra un proceso comprobado, fácil de recordar. Y si eres un líder algo tímido, el hecho de que puedas enfatizar lo positivo también lo convierte en una experiencia más positiva para ti.

Una cosa a tener en cuenta sobre el sándwich de cumplido: Bill Tobin no recomienda emplearlo si tú eres un líder sénior que trabaja con personas sénior, si formas parte de un equipo que ha trabajado junto durante mucho tiempo o si eres un líder con mucha experiencia. Si eres un líder así, necesitas aprender a guiar a tus trabajadores con una comunicación franca y transparente, de modo que, cuando llegue el momento de la retroalimentación crítica, puedas ir directamente al grano sin necesidad de suavizarla por delante y por detrás con el método del sándwich.

PROFUNDIZA EN LOS INCENTIVOS NO MONETARIOS

«Obtienes lo que premias» es el principio más probado de la gestión del desempeño que se sabe que existe. En estos tiempos de cambios rápidos, necesitamos empleados involucrados y comprometidos con el trabajo. Ninguna compañía puede permitirse el lujo de seguir contratando a hombres y mujeres que no cargan con su peso. Y ninguna compañía tampoco puede permitirse el lujo de no reconocer y elogiar a una parte clave de la manera de hacer negocios. Como hemos comentado, la buena noticia es que un poderoso programa de reconocimiento no tiene por qué resultar costoso; de hecho, no necesita costar nada en absoluto.

Pregunta a los empleados qué es lo que más los motiva a hacer un buen trabajo y descubrirás que el dinero casi nunca es lo primero. En la mayoría de las encuestas, el dinero ni siquiera se encuentra entre los cinco puntos principales mencionados por los empleados. Este hecho ha sido confirmado en numerosos estudios.

Allá por 1946, el Instituto de Relaciones Laborales de Nueva York publicó los resultados de una encuesta llevada a cabo entre empleados y gerentes a los que se les preguntó qué factores eran más importantes para la satisfacción laboral de los empleados.[2] Cuando se preguntó a los gerentes qué factores del lugar de trabajo eran los más importantes para sus empleados, destacaron los cinco puntos siguientes (de un listado de diez diferentes):

1. Un buen salario

2. Seguridad laboral

2. Halvorson, C. «What Today's Employees Want from Their Managers», *When I Work* [blog], 19 de febrero de 2013. [Disponible en: wheniwork.com]

3. Oportunidades de promoción y crecimiento

4. Buenas condiciones de trabajo

5. Trabajo interesante

Sin embargo, cuando se les hizo la misma pregunta a los trabajadores, las respuestas fueron totalmente diferentes:

1. Pleno reconocimiento por el trabajo realizado

2. Sentir que perteneces a la empresa

3. Muestras de empatía ante los problemas personales

4. Seguridad laboral

5. Un buen salario[3]

En las décadas posteriores a esta encuesta, poco ha cambiado en lo que respecta a los gerentes y sus creencias erróneas sobre los empleados. Los primeros a menudo están convencidos de que saben exactamente qué quieren sus empleados, pero en realidad no sólo no lo saben, sino que suponen erróneamente que éstos están interesados sobre todo en cosas como el dinero, la seguridad laboral o las promociones. Pero esto no es cierto. Y, en el caso de que algunos empleados se hayan centrado en tales cosas, son los gerentes y sus profecías autocumplidas quienes a menudo han provocado que fuera así.

Entonces, ¿qué falla? ¿Cómo han podido los gerentes equivocarse tanto? ¿Qué quieren realmente los empleados? Lo que realmente quieren es sentirse apreciados por sus gerentes y por sus compañías por el buen trabajo que hacen, nada más y nada menos. Ahora echemos un vistazo a algunas formas particularmente efectivas de reconocer el trabajo que hacen los empleados por poco o nada de dinero.

---

3. Íbid.

Recompensas de bajo coste. Son el tipo de recompensas que cuestan muy poco dinero y son fáciles de regalar a los empleados. Un ejemplo clásico es la tarjeta regalo, que se puede utilizar en Starbucks, Amazon, FNAC, gasolineras y otros muchos negocios.

Objetos simbólicos. Pueden ser cualquier cosa, desde fichas de póker impresas con el logotipo de la compañía que se pueden canjear por tarjetas regalo a final de mes, hasta gorras, chaquetas, bolígrafos, tazas de té, libretas y otros artículos impresos de bajo coste que los empleados estarán encantados de recibir y orgullosos de utilizar. El resultado de dichos programas es que los empleados se centran más en los comportamientos deseados que son recompensados y a menudo se divierten en el proceso de conseguir sus recompensas.

Ventajas del empleador. Son artículos de coste nominal que una compañía o un gerente a título individual ponen a disposición de los empleados como una ventaja simple y reflexiva. Pueden incluir cosas como un desayuno o un menú, refrescos, *snacks*, etc.

Recompensas de tiempo libre. El propio tiempo se puede utilizar de manera efectiva como una forma de reconocimiento y recompensa. Por ejemplo, podrías dar a los empleados cupones para tiempo libre, concederles un día libre adicional, hacer ajustes en el horario o permitir mayor flexibilidad en los horarios. Por ejemplo, podrías dar a los empleados que se lo merezcan un día de «No quiero levantarme de la cama» que pueden canjear el año que viene. A los empleados les encantará el beneficio y la consideración que les brinda la empresa... y su jefe.

Atención constante. En última instancia, son aquellas cosas que un gerente puede hacer en el día a día las que a menudo tienen el mayor impacto sobre la motivación de cualquier empleado: puedes hablar con ellos para preguntarles cómo les va todo, pedirles sus opiniones o darles las gracias cuando han hecho un buen trabajo.

He aquí algunas sugerencias que tú, como gerente, puedes tener en cuenta para mostrar gratitud hacia tus empleados:

- Para grupos de empleados, puedes ofrecer celebraciones, actividades de trabajo en equipo, reuniones para levantar la moral, premios de equipo y competiciones de diversos tipos.

- Para empleados a título individual, puedes implementar reuniones individuales, actividades de reconocimiento, dar las gracias y elogiar.

EL PODER DE LOS ELOGIOS

Si tienes un perro como mascota, ya conoces el poder de los elogios. (Aquí dejo aparte a los gatos porque parecen tener siempre sus propias ideas, al menos hasta que empiezas a mostrarles su bolsa de comida). Cuando elogias a tu perro porque ha ido a buscar una pelota o un palo que le has lanzado, aumentas la probabilidad de que vuelva a actuar exactamente de la misma manera. Esto también es válido para las personas. Cuando elogias a los empleados por hacer algo que tú quieres que hagan en el trabajo, estás aumentando la probabilidad de que repitan el mismo comportamiento.

Los elogios se pueden dar de tres maneras diferentes: directamente (en persona, por ejemplo, en forma de un simple «gracias»), delante de otros (públicamente, por ejemplo, en una proclama escrita con elocuencia leída por el director ejecutivo en una ceremonia de entrega de premios anual) o sin la presencia del empleado elogiado (también conocido como «chismorreo positivo»). Cada una de estas técnicas de elogio es efectiva, aunque por motivos completamente diferentes.

Cuando elogias a alguien directamente por su desempeño, le estás haciendo una declaración muy personal a la persona: «Me gusta lo que has hecho y estoy orgulloso de ti por ello». Cuando elogias directamente a alguien, tienes varios enfoques para elegir:

- verbalmente (en persona o por teléfono)

- por escrito (por medio de una nota, una carta o un memorándum)

- electrónicamente (mediante un mensaje de correo electrónico, un mensaje de texto o una publicación en el sitio web)

Cuando elogias públicamente a un empleado, amplificas el poder de la acción muchas veces. Esto es así porque la persona que recibe el elogio tiene la oportunidad de experimentar el orgullo de ser mencionado delante de sus compañeros por hacer algo bien. Por desgracia, demasiados empleados no llaman la atención de su gerente a menos que hagan algo mal. Esto hace que ser «pillado» haciendo algo bien –sobre todo delante de otros– sea mucho más poderoso. He aquí hay algunas formas frecuentes de elogiar públicamente a un empleado:

- En una reunión de personal.
- En el pasillo, mientras el empleado habla con sus compañeros de trabajo.
- En un correo electrónico dirigido a todo el equipo.
- En el tablón de anuncios de la compañía o del departamento en cuestión.
- En una ceremonia anual de entrega de premios.

Felicitar a los empleados cuando no están presentes es una excelente manera de difundir tu mensaje de elogio por toda la organización; en última instancia, tus buenas palabras llegarán a tu objetivo previsto. En lugar de sentirse molestos por este chismorreo que se cuenta a sus espaldas, los empleados estarán encantados. Así como elogiar públicamente multiplica su efecto, también lo hace elogiar a alguien cuando no está presente. Esto se debe a que el elogio pasa por las manos de una cantidad potencialmente grande de compañeros de trabajo antes de llegar al empleado que recibe el elogio, lo que lo hace mucho más valioso para el destinatario. Puedes elogiar a un empleado que no está presente de las siguientes maneras:

- Envía un correo electrónico a los compañeros de trabajo del empleado elogiando algo que éste ha hecho bien.

- Elogia al empleado en una reunión de personal a la que no asista.

- Pide a otro gerente que dé las gracias a tu empleado por algo que haya hecho y que tú quieras reconocer.

Recuerda: Elogiar a un empleado por un trabajo bien hecho no te cuesta nada ni a ti ni a tu organización, y no hay límite en la cantidad de elogios que puedes dar a tus empleados. El elogio es el primer recurso renovable. ¿Por qué no difundirlo?

AGENDA DE ACTUACIÓN

Los factores clave que la mayoría de los gerentes utilizan hoy en día para motivar a los empleados tienden a ser intangibles, interpersonales y relativamente fáciles de implementar.

La buena noticia sobre reconocer y elogiar a los empleados es que puedes comenzar a actuar de inmediato: no hace falta esperar ni crear un presupuesto, o buscar la aprobación de la empresa. Sencillamente tienes que descolgar el teléfono, escribir un correo electrónico rápido o acercarte a un empleado y decirle: «¡Gracias!».

En los próximos días y semanas, te sugiero que completes los siguientes elementos de la agenda de actuación:

1. Averigua qué cosas motivan a tus empleados (a través de conversaciones individuales y grupales, encuestas, etc.).

2. Establece objetivos individuales y grupales específicos.

3. Equilibra el reconocimiento apropiado con los objetivos alcanzados.

4. Repite según sea necesario.

TERCERA PARTE

Desafíos comunes del nuevo jefe

Para agregar valor a los demás,
primero hay que valorar a los demás.
JOHN MAXWELL, autor y conferenciante

Del mismo modo que el entorno empresarial global se encuentra en un estado de cambio y flujo constantes, también lo están las organizaciones y las personas que trabajan en ellas. Esto está dando como resultado una corriente continua de desafíos para los gerentes de quienes se espera que resuelvan problemas y aprovechen las oportunidades. En esta parte, me centro en lo más apremiante de estos desafíos:

- Contratar y retener a los mejores empleados
- Enfrentarse a los problemas de los empleados
- Ocuparse de la disciplina y el despido
- Vencer los obstáculos organizativos
- Incentivar a los empleados para que experimenten y corran riesgos
- Administrar una fuerza laboral diversa
- Manejar la política de oficina

11

Buscadores atentos: Contratar y retener a los mejores empleados

Las personas no son tu activo más importante,
sino las personas adecuadas.
Jim Collins, autor

Como gerente, una de las responsabilidades más importantes que tienes es contratar a las personas adecuadas para tu organización. Una gran compañía se compone de grandes contrataciones, así que no subestimes la importancia del proceso de contratación, ya que determina en gran medida el éxito de tu negocio a lo largo del tiempo.

¿No estás seguro de qué cualidades buscar en los candidatos potenciales? Considera estas características tan importantes:

Toma la iniciativa: Los empleados que toman la iniciativa en el trabajo son los que consiguen progresar. Si reconoces la capacidad de un candidato para ser un emprendedor, entonces, sabes que te encuentras ante un potencial candidato.

Tiene una gran actitud: Pasarás mucho tiempo con los empleados en la oficina, en reuniones o en otras muchas actividades. ¿Será agradable estar cerca de este candidato? Recuerda, una actitud positiva ayuda a que el trabajo se lleve a cabo tanto en los momentos de éxito como en los más desafiantes.

Tiene experiencia: Utiliza la entrevista como una oportunidad para confirmar que el candidato realmente puede hacer el trabajo. ¡A menudo se necesita experiencia en muchos puestos!

Trabaja duro: Aunque un candidato carezca de formación o de experiencia, sabes que, si trabaja duro, es más probable que lleve a cabo las tareas. El éxito no está garantizado sólo por el conjunto de habilidades, sino que una sólida ética de trabajo también juega un papel importante. Asegúrate de que la producción de trabajo esté en consonancia con los objetivos y las estrategias de tu empresa.

Trabaja bien en equipo: Las organizaciones de hoy en día están formadas en gran parte por equipos. ¿El candidato se siente cómodo trabajando con otras personas? ¿Entiende el valor de la colaboración en el lugar de trabajo?

Es resolutivo: Una contratación inteligente es buena, pero una contratación resolutiva es excelente. Alguien que sea resolutivo no está limitado por su propia inteligencia; por el contrario, sabe cómo superar los obstáculos y encontrar los recursos disponibles para hallar las mejores soluciones a un ritmo rápido.

Encaja en la cultura de la empresa: Los negocios y las organizaciones tienen diferentes misiones y valores. La cultura de tu compañía es completamente única, y aunque sobre el papel un candidato parezca adecuado, no significa que necesariamente vaya a encajar en tu empresa.

Es entregado: No sólo quieres un candidato cualificado, sino que también un candidato entregado y leal. La contratación y la formación son esfuerzos costosos para cualquier compañía; es por este motivo que quieres contratar a alguien que se quede en el puesto durante años. Pide más información sobre la estabilidad laboral del candidato preguntándole cuánto tiempo ha permanecido en los empleos anteriores.

CÓMO CONTRATAR A LOS MEJORES

La calidad de tu negocio es un reflejo directo de la calidad de las personas que contratas. Las buenas contrataciones dan color y fortalecen la experiencia de la compañía, mientras que las malas contrataciones frustran al personal, hacen perder tiempo y cuestan dinero. Para escoger a los mejores candidatos para el puesto de trabajo, debes crear un grupo entre los cuales poder seleccionar. La buena noticia es que se pueden encontrar excelentes candidatos en todas partes.

Uso de canales de contratación tradicionales

He aquí algunos métodos a los que puedes recurrir para encontrar con éxito a los mejores candidatos siempre que vayas a contratar a nuevos empleados.

Utiliza una empresa de empleo: ¿Necesitas cubrir un puesto altamente especializado? ¿Poco interesado en la selección y la contratación de candidatos? Las agencias de empleo pueden encontrar a los candidatos cualificados que estás buscando, pero ten en cuenta que a menudo son caras.

Considera las asociaciones profesionales: Dependiendo de tu profesión, es posible que tengas un público preseleccionado que pueda ayudarte a encontrar candidatos. Este público es una asociación; por ejemplo, los médicos están colegiados.

Utiliza empresas temporales: A veces, los puestos importantes deben cubrirse de inmediato. Los empleados temporales harán el trabajo necesario y te darán un margen de tiempo para encontrar al candidato perfecto. Incluso puede suceder que un empleado temporal tenga el talento suficiente para ser contratado definitivamente.

Mira dentro de la empresa: ¡Quizás tu próxima contratación ya forme parte de tu organización! Mira fuera de tu empresa sólo después de evaluar las opciones internas. Si contratas a alguien de dentro, ahorrarás dinero y el proceso de contratación resultará mucho más fácil. También puedes pedir referencias personales a empleados y compañeros de trabajo.

Aprovecha Internet

Todavía existen los anuncios de trabajo físicos, pero en gran parte Internet ha ocupado su lugar. Hoy en día, la contratación puede ser totalmente digital, así que asegúrate de aprovechar su poder cuando busques nuevos empleados.

Crea un sitio web: Cuando estableces una presencia online para tu negocio, dejas claro que tu empresa seguirá siendo relevante en la era digital actual. Además, si diseñas un blog para tu empresa, el personal puede entrar detalles sobre sus trabajos y la cultura de la compañía; descripciones como éstas pueden atraer potenciales candidatos.

Crea una campaña de correo electrónico: ¿Tiene un boletín de la compañía con centenares de suscriptores? Envía un correo electrónico masivo con información sobre ofertas de trabajo para hacer correr la voz sobre la contratación actual.

Utiliza las redes sociales: Plataformas sociales como Facebook y Twitter pueden brindarte acceso inmediato y en tiempo real a posibles solicitantes de empleo. También puedes difundir información sobre puestos vacantes a miles de usuarios y potenciales candidatos sólo con hacer clic en un botón, a través de publicaciones y tweets. Considera también recurrir a LinkedIn, que en realidad fue creada para que los empleadores se conecten con los buscadores de empleo. En LinkedIn puedes llegar a los candidatos ya sea utilizando anuncios de trabajo pagados en la plataforma o a través de tu página de empresa de LinkedIn o de perfiles de empleados. Estas plataformas de redes sociales son gratuitas (excepto en el caso de los anuncios de trabajo pagados), pueden ser muy efectivas y coexisten con sitios web de búsqueda de empleo más convencionales (y aún utilizables) como infojobs.net.

DOMINA LA ENTREVISTA

¿Sabes cuál es tu estilo de entrevista? ¿Eres el tipo de entrevistador que se prepara para la entrevista momentos antes de realizarla o, por el contrario, te pasas horas (o días) revisando la descripción del trabajo, escribiendo preguntas y leyendo currículum? No es ningún secreto que convertirse en un gran entrevistador requiere una exhaustiva preparación. He aquí cómo dominar adecuadamente el proceso de la entrevista.

Preguntas que debes formular

Quieres que tu entrevistado te dé las mejores respuestas que pueda, respuestas que te indiquen claramente si el candidato es una buena opción para tu compañía. Pero si quieres grandes respuestas, debes hacer grandes preguntas. Las preguntas de la entrevista suelen caer dentro de una de estas cuatro categorías:

¿Cómo puedes contribuir de manera excepcional a esta organización? Es posible que estés entrevistando a muchísimos candidatos altamente cualificados que tienen una ética de trabajo impresionante, personalidades increíbles y experiencias enriquecedoras. Pero la clave para saber quién debería ser tu próxima contratación radica en la respuesta a la pregunta «¿Qué puedes hacer por este negocio?». Céntrate menos en lo que tu empresa puede brindarle al candidato y más en lo que tu candidato puede brindarle a la empresa.

¿Qué te trae por aquí? ¿Por qué un candidato se ha tomado la molestia de sentarse contigo? ¿Es por una mera necesidad de empleo o de dinero, o es porque sabe que tu empresa encaja en sus necesidades?

¿Cómo te describes a ti mismo? Dado que pasarás muchas de tus horas de trabajo con los empleados, asegúrate de pasar tiempo con los que les gusta estar a tu lado. Esta pregunta también te permite tener una idea del tipo de persona que es, porque sus respuestas revelarán si se considera trabajador, honesto, de fiar y ético.

¿Es aceptable nuestra horquilla de pago? Los mejores candidatos pueden estar altamente cualificados, pero los candidatos perfectos son altamente cualificados *y* económicos.

Qué se debe hacer en las entrevistas

Haz una entrevista fantástica para conseguir una contratación fantástica. Sigue estos puntos:

Revisa los currículums antes de la entrevista: Es mejor revisar el currículum de cada entrevistado la mañana misma de las entrevistas, no en el momento en que se lleva a cabo. La revisión previa te permite abordar los detalles que despiertan tu interés.

Ten clara la descripción del trabajo: No sorprendas a tus potenciales empleados con nuevos deberes y requisitos durante la entrevista. En vez de ello, comunica claramente y por adelantado las responsabilidades del trabajo.

Escribe las preguntas de antemano: ¿Qué habilidades y experiencia buscas en los candidatos? Haz una lista de control y elabora preguntas que te aporten valiosa información sobre el candidato.

Toma notas: A todos nos gusta pensar que tenemos una gran memoria, pero la realidad es que a veces olvidamos detalles importantes que comentan los candidatos. Escribe las respuestas e incluso tus primeras impresiones sobre los entrevistados.

Qué no se debe hacer en las entrevistas

Ahora que sabes qué debes hacer durante el proceso de la entrevista, ¿qué acciones debes evitar por completo? Algunas no tienen mucho que ver con mantener el profesionalismo y seguir las prácticas comerciales apropiadas. Por ejemplo, es mejor rechazar cualquier invitación a una cita que recibas de los candidatos.

Aún más, algunos errores que cometas durante el proceso de la entrevista podrían causarte problemas. Si la pregunta durante la entrevista es incorrecta, puedes llegar a tener problemas de discriminación. Por ejemplo, en algunos países como en Estados Unidos no se puede preguntar si un candidato es discapacitado; en cambio, sí se puede preguntar si un candidato puede llevar a cabo determinadas tareas. Dependiendo de la situación, preguntar sobre algunos temas (edad, discapacidad, raza, religión, orientación sexual, sexo, antecedentes penales, altura y peso, y origen nacional) puede causarte problemas legales. Pase lo que pase, centra tus preguntas en las habilidades del candidato y los criterios relevantes para el trabajo.

DECIDE QUIÉNES SERÁN LOS CANDIDATOS

Una vez has reducido el grupo de candidatos a unas pocas personas de grandes capacidades, ya puedes tomar una decisión definitiva sobre a quién contratar, pero no sin antes hacer una investigación adicional sobre los candidatos.

Comprueba referencias

Si un currículum te parece demasiado bueno para ser verdad, comprobar las referencias es una forma efectiva de confirmar que esa persona es quien dice ser. Incluso aunque un candidato parezca de confianza, evita contratar nuevos trabajadores sin llevar a cabo una verificación exhaustiva de los antecedentes.

La comprobación de referencias también te aporta una visión más profunda de cómo trabajan los potenciales empleados y cómo son en situaciones sociales. Considera comprobar las referencias académicas y ponte en contacto con los supervisores anteriores para obtener información sobre la experiencia laboral anterior. Y, como siempre, internet se encuentra a tu entera disposición. Utiliza los motores de búsqueda o mira los perfiles de las redes sociales para descubrir más detalles sobre una posible contratación.

Contrata a los mejores

A medida que dedicas tiempo a clasificar a los candidatos, debes tener en cuenta algunos consejos para tomar la mejor decisión de contratación posible. Por ejemplo, durante este proceso practica la objetividad y céntrate en los hechos y las cualificaciones, no en el estilo o las personalidades encantadoras. ¿Qué cualidades indican la capacidad de desempeño de un candidato y qué cualidades no deberían influir en tu elección? Elimina los sesgos en tu forma de pensar y recuerda que la diversidad ayuda a que las organizaciones crezcan.

Si te resulta complicado elegir entre varios candidatos increíblemente capacitados y cualificados (incluso después de revisar datos objetivos), confía en tu instinto. Permite cierta subjetividad en el proceso de toma de decisiones; considera también asignar tareas a los candidatos y comparar sus resultados.

Por último, a veces en una ronda de contratación no hay un candidato ganador claro. Es perfectamente aceptable volver a repasar el grupo de candidatos y ver quién, con un poco de formación, realmente podría liberar su potencial y contribuir a tu compañía. Si desde tu punto de vista nadie destaca, no ocupes un puesto sólo por ocuparlo; espera a que alguien encaje exactamente en tu organización o, por el contrario, tendrás que hacer frente a los daños ocasionados por una contratación inadecuada.

12

¡Ay no!: Enfréntate a los problemas de los empleados

No te avergüences de tus fracasos.
Aprende de ellos y empieza de nuevo
RICHARD BRANSON, fundador de Virgin Group

Para muchos de nosotros, la palabra *disciplina* no nos trae precisamente recuerdos felices, ya sea en el trabajo o en la vida personal. Pero ¿qué significa la disciplina para ti? ¿Tu organización la define de manera diferente o siempre ha tenido una connotación negativa? ¿Ha habido alguna vez un momento en el que los empleados o tú mismo esperabais ser disciplinados?

La verdad es que los términos *disciplina* y *castigo* significan lo mismo a ojos de los empleados. Pero la realidad es muy diferente. La disciplina de los empleados puede ser una experiencia positiva cuando se hace de la manera correcta. El proceso disciplinario puede brindar orientación y formación a los empleados para que puedan desempeñarse mejor. La disciplina también puede sacar a la luz determinados problemas o preocupaciones para que los empleados puedan tomar medidas correctivas.

En función del historial laboral del empleado involucrado y de la naturaleza del problema, así como de su gravedad, hay un amplio abanico de métodos disciplinarios a tu disposición. Puedes despedir a un empleado o puedes darle un consejo verbal («Has entregado tu presupuesto tres días después de la fecha límite. Deseo que todos los presupuestos se presenten a tiempo»). Si el problema se repite a menudo y el empleado no tiene un historial de desempeño limpio, puedes ajustar tu método disciplinario como consideres conveniente.

Los empleados suelen tener que disciplinarse por estos dos motivos principales:

Mala conducta: Si un empleado se comporta de manera inapropiada o inaceptable desde tu punto de vista, el de la organización o el de la ley, puede tener que enfrentarse a medidas disciplinarias.

Problemas de desempeño: Cada puesto tiene una serie de objetivos que deben cumplirse, como parte del trabajo. Cuando un empleado no los cumple, se debe administrar algún tipo de disciplina.

Así pues, un gerente practica una disciplina efectiva prestando atención a cuando un empleado se porta mal o su desempeño es insuficiente. De hecho, los mejores gerentes toman nota de estos casos mucho antes de que estos problemas se conviertan en una preocupación y se vayan de las manos. Los gerentes eficaces saben cómo guiar a sus empleados por el camino correcto y también comprenden que, si no imponen la disciplina a sus empleados en el momento adecuado, en última instancia ellos, como gerentes, tienen la culpa si el desempeño deficiente no se corrige o la mala conducta va en aumento.

No lo olvides: el objetivo de la disciplina no es castigar a los empleados, sino ayudarlos a desempeñar mejor su trabajo.

¿Cuándo es el momento adecuado para imponer la disciplina? Es muy recomendable que no lo postergues, sino que debe aplicarse tan pronto como aparezca cualquier problema. Si dejas que pase demasiado tiempo entre un incidente y la aplicación de la disciplina, los empleados no sólo olvidarán los detalles del incidente, sino que también creerán que el problema no es lo suficientemente grave, ya que no se abordó de inmediato.

Si decides posponer la disciplina (ya sea de forma temporal o indefinida), perjudicarás enormemente a todos los empleados que se desempeñan bien en tu organización. En el fondo, debes recordar que consigues lo que consientes o premias. Si estás reforzando inadvertidamente el comportamiento negativo y el bajo desempeño premiándolo o simplemente permitiéndolo, es posible que te encuentres disciplinando a los empleados más a menudo de lo que te gustaría.

CÉNTRATE EN EL DESEMPEÑO, NO EN LAS PERSONALIDADES

Como gerente, no es tu trabajo descubrir por qué los empleados actúan cómo lo hacen o analizar y comprender su personalidad. Te han contratado para dirigir, no para ser el psicólogo interino. Tu responsabilidad es evaluar el desempeño de los empleados, sobre todo en relación con los estándares y las expectativas acordados. Dicho sencillamente, cuando los empleados se desempeñan bien, debes motivarlos y premiarlos; en cambio, cuando se desempeñan por debajo del estándar, debes averiguar la causa de este desempeño insatisfactorio y aplicar las correcciones necesarias o, llegado el caso, las medidas disciplinarias.

Sin embargo, esto no significa que debas descartar la compasión cuando estás en el trabajo. La vida puede arrojarnos a cualquiera de nosotros retos tremendos que nos arrastren a tiempos difíciles. Cuando un empleado tuyo pasa por alguna situación complicada –ya sea un problema familiar o económico–, debes hacer todo lo posible para ayudarlo a que lo supere. De todos modos, en última instancia siempre tendrá que cumplir con los estándares de desempeño, porque permitir diferentes estándares de desempeño para diferentes empleados invariablemente conducirá a una organización disfuncional con un personal infeliz.

La disciplina que apliques debe administrarse de manera congruente y justa. Esto significa que antes de disciplinar a un empleado, te has centrado en los niveles de desempeño y no has sacado conclusiones ni juicios precipitados antes de disponer de todos los hechos que hay detrás de la situación o de la incapacidad de un empleado para desempeñarse bien. Actúa sin favoritismos, comunica claramente los estándares de desempeño a todos los empleados y asegúrate de que todos comprendan perfectamente la política de la compañía. Puedes guiar a tus empleados, pero recuerda que, en último término, está en sus manos cómo se desempeñan y se comportan.

MOTIVOS POR LOS QUE ALGUNOS GERENTES EVITAN TRATAR LOS PROBLEMAS DE LOS EMPLEADOS

Pocos gerentes prefieren pasar las mañanas disciplinando a los empleados o enfrentándose a sus problemas. Aunque tengas motivos claros y evidentes para asesorar, disciplinar o incluso despedir a un empleado, esa tarea no es particularmente agradable. Pero cuanto antes abordes los problemas de desempeño de los empleados, antes se resolverán. No dejes que los siguientes motivos afecten al tiempo que tienes que dedicar a hacer frente a los problemas de desempeño de los empleados:

Compromiso emocional: Puedes hacerte amigo de algunos de tus empleados, ya que pasarás mucho tiempo con ellos. Sin embargo, esto puede acabar convirtiéndose en un problema si has establecido un vínculo emocional con alguien a quien debes disciplinar o despedir.

Cómo te afecta: Si un empleado tiene que ser sancionado o despedido, ¿significa eso que has fallado como gerente? No toleres un desempeño deficiente en el lugar de trabajo sólo porque te preocupa que estos problemas de desempeño arrojen luz sobre tus propios defectos.

Miedo a las acciones legales: Si la posibilidad de acciones legales te inquieta, podrías tener la tentación de posponer la disciplina o el despido del empleado. Esto sólo conducirá a problemas crecientes y enconados. Reúnete con un abogado o el abogado general de tu empresa para explorar tus opciones legales.

Miedo a lo desconocido: No se puede predecir cómo reaccionan los empleados cuando son disciplinados o despedidos. Por ejemplo, puede aparecer un arrebato emocional que no estás preparado para gestionar. Para superar este miedo, estudia el proceso de despido, consulta con el departamento de Recursos Humanos para que te den apoyo, o está presente en el despido de otro empleado antes de ser tú el encargado de llevar a cabo uno.

CREA UN PLAN DE MEJORA

¿Necesitas un plan para disciplinar a los empleados? El *plan de mejora del desempeño*, una parte importante del proceso de disciplina, describe los pasos que debe seguir un empleado durante un período de tiempo determinado para mejorar sus funciones.

Las transgresiones menores del desempeño no necesitan un plan de este tipo porque debería bastar con el asesoramiento verbal. Aparte, las malas conductas tampoco pueden ser corregidas por el plan de mejora del desempeño, ya que deben corregirse de inmediato. Pero si el empleado en cuestión comete errores habituales que requieren medidas disciplinarias más severas, la historia es diferente. En este caso, un plan de desempeño es justo lo que necesitas. Éste consta de tres partes:

Declaración de objetivos: ¿Cómo tiene que ser una mejora satisfactoria? Vinculado a los estándares de desempeño, este objetivo podría ser, por ejemplo, «Enviar todos los informes semanales en o antes de los plazos de entrega confirmados».

Un calendario: Un plan no puede tener éxito sin un calendario. Incluye una fecha límite de finalización e incluso fechas fijadas para diferentes hitos del plan. Esta parte podría ser algo así como: «Alcanzar este objetivo dentro de los cuatro meses posteriores a la creación de este plan».

Formación y recursos requeridos: Esto implica un resumen de la formación y los recursos que llevarán el desempeño de un empleado a estándares aceptables: «Apúntate a un programa de tres semanas sobre gestión del tiempo».

IMPLEMENTA EL PLAN

Una vez que se ha creado un plan, es crucial que realmente se aplique. Cuando estableces planes de mejora del desempeño con los empleados, también debes prestar mucha atención a su progreso. Haz un seguimiento con tus empleados para asegurarte de que el plan se lleve a cabo y no se abandona. Comprueba los progresos logrados, si cumplen con el calendario y si estás aportando de manera adecuada la formación y los recursos que los empleados dijeron que utilizarían.

Programa reuniones de informes de progreso de manera constante; no sólo te aportarán importante información sobre su progreso, sino que estas reuniones también demostrarán a tus empleados que estás interesado en sus mejoras. Si un empleado no es capaz de mantener el desempeño a la altura de los estándares, quizá debas considerar si es adecuado para desempeñar ese puesto dentro de tu organización.

13

Cuando la gente buena se tuerce: Disciplina y despido

Si no nos disciplinamos nosotros mismos,
el mundo lo hará por nosotros.
WILLIAM FEATHER, publicista y autor

Como recordarás del capítulo anterior, cuando llega el momento de disciplinar a un empleado, la mayoría de las veces será por problemas de desempeño o por mala conducta.

Los problemas de desempeño se suelen solucionar con la formación y la orientación adecuadas y no son culpa al cien por cien del empleado. Los problemas de desempeño también suelen ser transgresiones menos graves que requieren medidas disciplinarias menos severas que las asociadas con la mala conducta; esto se debe a que la mala conducta suele ser un acto que un empleado lleva a cabo de manera deliberada.

Un sistema disciplinario de dos vías que aborde tanto el desempeño como la mala conducta refleja algo llamado *disciplina progresiva.* Para lograr el comportamiento deseado mediante una acción disciplinaria progresiva, debes ejercer el paso disciplinario menos severo. Por ejemplo, si un empleado no mejora su desempeño después de haberlo advertido verbalmente, puedes proceder con una advertencia por escrito. Tu objetivo con la disciplina progresiva es ayudar a tu empleado a comprender qué comportamiento debe corregir antes de que tengas que ejercer acciones más severas como degradaciones, reducciones salariales o despidos.

Antes de seguir adelante con la disciplina, discierne si es necesario corregir el desempeño o la mala conducta. A continuación, decide la gravedad de la transgresión y cómo comunicar mejor tu respuesta a las acciones del empleado.

GESTIÓN DE LOS PROBLEMAS DE DESEMPEÑO

Aunque las diferentes compañías evalúan el desempeño de diferentes maneras, los empleados suelen tener un desempeño inaceptable, aceptable o sobresaliente.

La disciplina se utiliza en casos de desempeño inaceptable, cuando los empleados no cumplen con los estándares y necesitan corregir los puntos en los que se quedan cortos.

He aquí una lista de pasos disciplinarios ordenados de menos a más severos. Para disciplinar con éxito a un empleado, aplica los principios de disciplina progresiva y cuando busques el comportamiento deseado comienza con el paso menos severo. Si este paso no mejora el comportamiento de tu empleado, pasa al siguiente paso.

Paso 1: Consejo verbal: La forma disciplinaria más común, suele ser un paso que los gerentes aplican en primer lugar para corregir el comportamiento o el desempeño. Puede ser formal, con la celebración de una reunión, o puede darse de forma casual, de pasada.

Paso 2: Consejo por escrito: Si el consejo verbal no ha resultado efectivo, se utiliza el consejo por escrito, que documenta el desempeño del empleado. Por lo general, el consejo por escrito conduce a discusiones verbales sobre planes de mejora.

Paso 3: Evaluación de desempeño negativa: Si el consejo verbal y el consejo por escrito no dan resultados, considera esta opción, que puede ejercerse en cualquier momento.

Paso 4: Degradación: Si bien es un movimiento desmoralizador, este paso mejorará el desempeño porque cambia a los empleados a trabajos y posiciones que son capaces de manejar o en los que pueden destacar.

Paso 5: Rescisión del contrato: Despedir a un empleado suele ser el último recurso después de que todas las demás opciones hayan fracasado. Recuerda documentar bien las deficiencias y el desempeño del empleado en cuestión para evitar una demanda por despido improcedente.

GESTIÓN DE LA MALA CONDUCTA

La mala conducta requiere un trato diferenciado: no se puede gestionar de la misma manera que los problemas de desempeño. Como transgresión más importante que es, la mala conducta revela defectos existentes en las actitudes, las creencias o la ética de los empleados. Fíjate en la diferencia en el lenguaje cuando se trata de pasos disciplinarios por mala conducta (por ejemplo, el *consejo* verbal se convierte en *advertencias* verbales).

Como gerente, debes gestionar la mala conducta de manera más seria que los problemas de desempeño. Se necesita tiempo para mejorar el desempeño de los empleados, pero la mala conducta debe cesar de inmediato, especialmente si la transgresión cometida tiene implicaciones legales importantes para ti o para tu compañía. Los siguientes pasos disciplinarios aumentan en severidad, y el paso que apliques debe ajustarse al historial de tu empleado y a la gravedad de su infracción.

Paso 1: Advertencias verbales. Gestiona las primeras ofensas y los actos de mala conducta menores con advertencias verbales, a través de las cuales comunicas al empleado que su comportamiento es inaceptable y que no debe seguir así.

Paso 2: Advertencia por escrito. Si las advertencias verbales se ignoran o no se entienden, o si la infracción requiere una acción disciplinaria más severa, recurre a una advertencia por escrito para que el empleado sepa la gravedad de la situación en cuestión.

Paso 3: Reprimenda. La mala conducta grave y la mala conducta que se repite requieren una reprimenda, que por lo general parece una advertencia por escrito. Un gerente superior se encarga de las reprimendas.

Paso 4: Expulsión temporal. Esta pena deja al empleado sin sueldo y se lo aparta de la oficina para preservar la moral o la seguridad. También se puede dar una expulsión temporal no disciplinaria cuando se investigan cargos de mala conducta (por lo general, durante este tiempo de revisión del caso se sigue pagando el sueldo al empleado).

Paso 5: Rescisión del contrato. Aparte de una mala conducta repetida, algunos incidentes graves (robo, violaciones de seguridad y otras conductas graves) justifican el despido de un empleado.

CÓMO DISCIPLINAR A UN EMPLEADO

Independientemente de las acciones disciplinarias que elijas, la forma en que gestionas la situación en cuestión es importante. En última instancia, quieres que los empleados comprendan qué está mal, cómo contribuyen ellos al problema y cómo rectificarlo. Puedes lograrlo creando un guion disciplinario. He aquí cómo hacerlo, asegurándote siempre de disciplinar a los empleados de la manera correcta.

Paso 1: Detalla el comportamiento incorrecto. Sé tan detallado como puedas cuando describas aquello que tu empleado está haciendo mal. Exactamente, ¿qué es inaceptable? ¿Cuándo ha sucedido? Recuerda enfatizar el comportamiento del empleado y centrarte menos en el empleado. No es nada personal, es trabajo.

Paso 2: Describe cómo se ve afectado el trabajo. El personal debe saber cómo el comportamiento inaceptable afecta no sólo a los demás empleados, sino también al trabajo que se está realizando.

Paso 3: Explica qué tiene que cambiar. Puedes decirle a alguien lo que ha hecho mal, pero lo más importante es que le digas cómo hacer las cosas bien.

Paso 4: Explica las consecuencias. Naturalmente, si continúa el bajo desempeño, mantén una conversación con tu empleado y explica las consecuencias que se derivan de sus acciones.

Paso 5: Bríndale apoyo. Si pretendes que el empleado mejore, debes brindarle un apoyo sincero. Por ejemplo, preguntarle cómo puedes ayudarlo puede obrar maravillas.

Aunque básica, una declaración completa a partir de los pasos de este guion disciplinario a menudo conduce a que se produzcan cambios muy positivos en el lugar de trabajo. Un guion modelo puede ser el siguiente:

> Has llegado tarde todos los días de esta semana. Por culpa de tu incapacidad para llegar a tiempo, te has perdido detalles clave de las reuniones y los proyectos no se han terminado a tiempo. Si llegas tarde una vez más, mi superior te dará una reprimenda. Pero hagamos algo para evitarlo. ¡Sé que puedes llegar a la hora!

NO TODOS LAS RESCISIONES SON IGUALES

Hay una serie de motivos para rescindir el contrato, y las rescisiones pueden ser de dos tipos: rescisión voluntaria e involuntaria. Por ejemplo, en el caso de las *rescisiones voluntarias,* a veces a los empleados se les ofrece un mejor sueldo en otro lugar o bien se van por motivos personales. He aquí otros ejemplos frecuentes de rescisiones voluntarias:

Renuncia voluntaria: Si un empleado renuncia a su puesto por propia voluntad, es posible que obtenga información valiosa de dicha renuncia. No puedes mantener a un empleado en tu compañía toda la vida, pero sí asegurarte de que los empleados que tienes no se vayan por propia voluntad por culpa de las incompetencias de la compañía. Haz una última entrevista a los empleados que renuncian al puesto para conocer los problemas existentes dentro de la compañía y encontrar posibles soluciones.

Renuncia incentivada: Una manera de ayudar a un empleado a guardar las apariencias antes de ser despedido es incentivarlo a renunciar. Este despido voluntario mantiene limpio el historial de un empleado y alivia algo del dolor de un despido propiamente dicho.

Jubilación: Cuando un empleado termina su vida profesional y opta por concluir para siempre su ocupación, se está jubilando. A diferencia de la renuncia incentivada o espontánea, ¡la jubilación suele ser motivo de celebración!

DESPIDOS INVOLUNTARIOS

A veces, en cambio, el despido se lleva a cabo en contra de la voluntad del empleado; es un *despido involuntario*. Los despidos involuntarios, que rara vez son agradables, suelen llegar en una de dos formas:

Despido: Un empleado es despedido cuando no hay esperanza de corregir su desempeño, cuando la persona no se adapta satisfactoriamente en su papel en un panorama empresarial cambiante, o cuando es responsable de una conducta grave.

Recorte de plantilla: Por razones económicas, una compañía puede decidir despedir a un número específico de empleados. Se habla de *recortes de plantilla* y se da, por ejemplo, cuando una empresa tiene que reducir los costes de las nóminas para mantener el negocio. Consulta la política de tu compañía para conocer el protocolo. A veces, el desempeño laboral determina quién es despedido, mientras que en otros casos se tiene en cuenta la antigüedad a la hora de despedir a un trabajador.

DESPIDO DE UN EMPLEADO

A nadie le gusta despedir a un empleado. El proceso de despido no sólo suele ser desagradable, sino que también es largo y complicado. Probablemente también tengas muchas preguntas como gerente con respecto a la logística de dicho proceso.

¿Cuándo, por ejemplo, es el mejor momento para despedir a un empleado? La respuesta es comenzar el proceso tan pronto como hayas decidido que es necesario despedir a alguien. No pierdas más tiempo y recursos de la compañía posponiéndolo.

Es probable que te estés preguntando cómo protegerte mejor antes de despedir a alguien. En un momento en el que incluso una pequeña negligencia puede tener consecuencias económicas graves para una compañía, resulta fundamental que hagas todo lo posible para evitar cargos por un despido improcedente. Documenta el desempeño del empleado y todas las pruebas que respalden tus afirmaciones. Comprueba que habías comunicado al empleado estándares de desempeño razonables y claramente definidos, que lo habías advertido de manera justa como respuesta a su comportamiento y su desempeño insatisfactorios, y que le habías dejado un período de tiempo suficientemente largo para que mejorara su comportamiento.

Cuando comiences el procedimiento de despido, implica a tu departamento de Recursos Humanos; esto permite un proceso legal y sin problemas. Aporta motivos claros para el despido y preserva la dignidad del empleado (esto, a su vez, reducirá el creciente resentimiento contra ti y tu organización) llevando a cabo la reunión de despido en un espacio privado, mostrándote tranquilo y profesional, y mostrando comprensión y empatía. Aunque hay mucho trabajo de preparación antes de formalizar un despido, los pasos para despedir a alguien son pocos y bastante sencillos:

Paso 1: Indica que has tomado la decisión de rescindir su contrato.

Paso 2: Cita la legalidad y da una explicación detallada del motivo del despido.

Paso 3: Comunica la fecha efectiva de rescisión e informa al empleado de otros detalles relevantes con respecto a su salida.

RECORTES DE PLANTILLA

El recorte de plantilla es una situación diferente a los despidos y se da cuando tu negocio tiene que pasar por una dolorosa reducción de personal y una reestructuración de la compañía. Por lo general, no suele ser culpa directa de los empleados, que a menudo son trabajadores leales, productivos y de alto rendimiento. Por el contrario, los culpables son otros factores, como un mercado que cambia rápidamente, una mayor competencia en el mercado, una fusión o una adquisición.

Cuando tengas que llevar a cabo un recorte de plantilla, primero involucra a tu departamento de Recursos Humanos. Este departamento puede ayudar a crear un proceso de despido fluido y respetuoso con la ley. A continuación, congela la contratación y difunde la noticia de los despidos planificados lo antes posible entre tu personal; necesitarán ser advertidos de los cambios en la empresa. Hecho esto, puedes comenzar a confeccionar un listado con los nombres de los candidatos a ser despedidos, procurando mantener a los empleados mejor formados, más experimentados y clave para el éxito de la empresa.

Sigue el procedimiento de la compañía mientras clasificas a los empleados para el recorte de plantilla y comienzas a mantener conversaciones privadas sobre su rescisión de contrato. Repasa el proceso de despido en detalle: analiza los beneficios, las indemnizaciones por despido y otros puntos. Una vez que se hayan completado los recortes, reúne al personal que se queda y mira hacia un futuro de la compañía más exitoso y estable.

CUANDO EL MAL COMPORTAMIENTO CONDUCE AL DESPIDO INMEDIATO

Nadie quiere despedir a un empleado, pero a veces puede pasar que no te quede otra opción. Éste es indudablemente el caso cuando el comportamiento de un empleado sobrepasa tanto los límites que mantenerlo pone en riesgo al resto de los trabajadores, a los clientes, a la comunidad e incluso al negocio. Varias infracciones merecen el despido inmediato, incluso sin aplicar medidas disciplinarias primero (reprimenda, advertencia por escrito, consejo verbal o suspensión de sueldo). Son ejemplos los siguientes comportamientos:

Robo: Cuando se sorprenda a un empleado cometiendo un robo, asegúrate de obtener pruebas. Así estarás seguro de que tendrás una buena situación legal si decides despedirlo y él quiere emprender acciones legales.

Acoso sexual: Las ofensas intolerables en esta categoría implican solicitudes de favores sexuales, insinuaciones sexuales no deseadas y otras conductas sexuales tanto verbales como físicas.

Incompetencia: A veces, independientemente del esfuerzo puesto en formar a un empleado, sencillamente éste no está hecho para el trabajo. Si lo has dado todo tratando de ayudar a un empleado a mejorar, y aun así no puede desempeñarse a niveles de competencia satisfactorios, despedir a este trabajador puede ser lo mejor tanto para él como para la organización.

Acudir al trabajo bajo el efecto de las drogas o del alcohol: Estar bebido o drogado en el puesto de trabajo es motivo suficiente para el despido inmediato, pero algunas empresas también ofrecen a los empleados la oportunidad de recibir asesoramiento a través de programas aprobados.

Insubordinación: Los empleados son contratados para llevar a cabo decisiones. Muchos supervisores permiten que los empleados cuestionen el porqué de una decisión, pero, en última instancia, un empleado debe estar dispuesto a seguir sus instrucciones. Si el trabajador se niega deliberadamente a realizar las tareas que se le han indicado, puede ser despedido de inmediato.

Siempre tarde: Una compañía exitosa se compone de trabajadores que terminan los trabajos a tiempo. Las tardanzas repetidas e injustificadas son un mal ejemplo para los empleados que cumplen los plazos y, sobre todo, afectan a la finalización de las tareas programadas.

Abuso verbal y violencia física: Tú y tus empleados tenéis derecho a realizar vuestro trabajo en un ambiente seguro y libre de acoso, abuso verbal y peligro físico. La violencia debe tomarse en serio. Puedes despedir fulminantemente a los empleados que abusen física o verbalmente, y puedes llamar a las fuerzas del orden público para ayudar a expulsar a aquellas personas que se implican en este y otros comportamientos perjudiciales.

Actos fraudulentos: ¡No es necesario contratar a nadie que haya falsificado su currículum! Si descubres que un empleado ha proporcionado información fraudulenta durante el proceso de contratación (por ejemplo, experiencia o títulos falsos) o durante el trabajo (por ejemplo, tarjetas para fichar falsificadas o informes de gastos falsos), puedes despedirlo de inmediato.

14

Derribando los obstáculos organizativos

Creemos que es importante que los empleados se diviertan…, impulsa el compromiso de los empleados.
Tony Hsieh, director ejecutivo de Zappos

Hoy en día, la gran mayoría de las organizaciones (empresas grandes y pequeñas, organizaciones sin fines de lucro y gubernamentales) tienen un gran problema: la falta de compromiso de los empleados. La organización de encuestas Gallup sigue muy de cerca el grado de compromiso de los empleados, que la organización define como cuán involucrados y entusiasmados están con su empleo y el lugar donde lo realizan.

En su informe más reciente «State of the American Workplace», el presidente y director ejecutivo de Gallup, Jim Clifton, afirmó:

> *La fuerza laboral estadounidense tiene más de 100 millones de empleados a tiempo completo. Un tercio (33 %) son lo que Gallup denomina comprometidos en el trabajo. Aman su trabajo y hacen que su organización y Estados Unidos sean mejores cada día. En el otro extremo, el 16 % de los empleados están activamente desconectados: se sienten deprimidos en el lugar de trabajo y destruyen lo que construyen los empleados más comprometidos. El restante 51 % no están comprometidos, simplemente están ahí.*[1]

1. Gallup: «From the Chairman and CEO», *State of the American Workplace*, Gallup, Inc., 2017, pág. 2. [Disponible en: www.gallup.com; acceso el 16 de agosto de 2019]

Como puedes ver, estas estadísticas son pésimas. Y lo que es peor, no han cambiado mucho a lo largo de los años que Gallup ha estado haciendo seguimiento. En 2001, por ejemplo, el 30 % de los empleados encuestados por Gallup estaban comprometidos con su trabajo y su lugar de trabajo, el 54 % no estaban comprometidos y el 16 % restante estaban desvinculados.[2]

La buena noticia es que, como gerente, tú tienes el poder de cambiarlo. Tienes las herramientas –y el deber– de crear un lugar de trabajo y una cultura que fomenten e incentiven el compromiso de los empleados.

¿Conoces el primer paso hacia el empoderamiento y la iniciativa de los empleados? Si crees que la respuesta tiene que ver con dar discursos motivadores y palabras inspiradoras, probablemente estés ignorando el increíble poder de la comunicación efectiva en el día a día. Cuando te comunicas honesta y abiertamente con tus trabajadores, estás dando el primer paso para fomentar su participación, lo que en última instancia puede funcionar a tu favor. Esto es así porque, cuando los empleados cuentan con información relevante más a menudo, pueden tomar decisiones y avanzar de la manera que mejor se adapte a los intereses de tu organización. No sólo mejorarán tus operaciones diarias, sino que también podrás conseguir mejores resultados.

Jim Clifton, de Gallup, sugiere que si sigues los pasos siguientes puedes comenzar la transformación de una fuerza laboral no comprometida en una totalmente comprometida:

Paso 1: Convoca una reunión del comité ejecutivo y comprométete a transformar tu viejo lugar de trabajo de mando y control en uno de alto desarrollo y conversaciones continuas de *coaching*.

Paso 2: Sumérgete, no metas sólo la punta del pie. Puedes permitirte muchos errores e incluso fracasos porque, de todos modos, el sistema que estás utilizando a día de hoy tampoco funciona.

2. Sorenson, S., y Garman, K.: «How to Tackle U.S. Employees' Stagnating Engagement», *Gallup Business Journal*, 11 de junio de 2013. [Disponible en: news.gallup.com]

Paso 3: Pasa de una «cultura de satisfacción de los empleados» –que sólo mide cosas como cuánto les gustan a los trabajadores sus ventajas y beneficios– a una «cultura de *coaching*».

Paso 4: Pasa de una «cultura de salario» a una «cultura de propósito».[3]

Así pues, ¿qué se necesita para convertirse en un gerente que se comunica de manera efectiva con los trabajadores y los implica en el trabajo? En este capítulo exploraremos maneras de convertirte en un gerente más comprometido con los empleados.

¿POR QUÉ COMPROMETERSE?

El estado del compromiso de los empleados es un asunto que debería preocupar a todos los gerentes. ¿Por qué? Porque tiene un impacto directo y persuasivo sobre el desempeño de los empleados y, en última instancia, sobre la organización. Aon Hewitt y el Queen's Center for Business Venturing se unieron para determinar la relación entre el compromiso y el desempeño de los empleados.

Según su investigación, las organizaciones con los empleados más comprometidos logran:

- el 65 % más de aumento en el precio de las acciones
- el 26 % menos de rotación de empleados
- el 100 % más de solicitudes de empleo espontáneas
- el 20 % menos de ausentismo laboral
- el 15 % más de productividad de los empleados

3. Gallup: «From the Chairman and CEO», *State of the American Workplace*, Gallup, Inc., 2017, pág. 3. [Disponible en: www.gallup.com; acceso el 16 de agosto de 2019]

- hasta un 30 % más de niveles de satisfacción del cliente[4]

La cultura y las prácticas de las personas de una organización tienen un impacto sobre la eficacia de sus empleados, lo que a su vez repercute directamente sobre el negocio.

Los cuatro factores clave de la actitud de los empleados que impulsan el desempeño financiero son el compromiso, la línea de visión, la posibilitación y la integridad.

Las organizaciones con un alto *compromiso* de los empleados crean más de seis veces la plusvalía (valor económico por encima de los activos) que aquellas con un bajo compromiso. ¿Cómo puedes saber si tus empleados están comprometidos? Muchos factores contribuyen a ello; de todos modos, si quieres una prueba de fuego rápida, considera estos indicadores principales:

- Los empleados están orgullosos de trabajar para tu compañía, la perciben como mejor que otras y la recomiendan como un buen lugar donde trabajar.

- La satisfacción de los empleados es alta y se quedan en tu compañía aunque tengan la posibilidad de cambiar de empresa.

El segundo factor, la *línea de visión*, existe cuando los empleados saben qué hacer para que su organización tenga éxito. Las organizaciones con una línea de visión alta crean más del doble de plusvalía que las que tienen una línea de visión baja. Los empleados tienen una línea de visión potente cuando:

- Comprenden los objetivos comerciales de la compañía, los pasos que se seguirán para lograrlos y la forma en que sus propias contribuciones individuales encajan en el panorama general.

---

4. Plieter, S.: «Engaging Employees: Queen's Partnership with Aon Hewitt Celebrates 10 Years of Helping Small- and Medium-Sized Companies Succeed», *Smith Magazine*, invierno de 2014. [Disponible en: smith.queensu.ca]

- Reciben información que mide cuán bien le está yendo a su organización en lo que respecta a sus objetivos.

Un sistema de gestión del desempeño eficaz es fundamental para impulsar la línea de visión; por desgracia, *eficaz* y *gestión del desempeño* suelen ser conceptos separados. Las personas necesitan comprender sus objetivos y creer que son factibles, saber cómo lograrlos y percibir que son recompensadas por sus esfuerzos.

Al igual que la línea de visión, la *posibilitación* puede duplicar el valor económico extra de una organización. La posibilitación se mide determinando si estamos aportando a los empleados la formación, los recursos, las herramientas y el equipo necesarios para desempeñar su trabajo. Hasta cierto punto, la posibilitación refleja el empoderamiento del individuo. Podemos saber si existe observando, por ejemplo, si los empleados:

- Reciben la formación que necesitan para ser efectivos.
- Tienen los recursos que necesitan para ser efectivos.
- Tienen cargas de trabajo razonables.
- Tienen voz y voto en cómo se desempeña su trabajo.
- Tienen suficientes compañeros para hacer el trabajo.

La implicación de los empleados en la toma de decisiones es un factor fundamental en la posibilitación: la gerencia debe considerar realmente a los empleados e implicarlos en las decisiones que los afectan.

El último factor clave es la *integridad*. La integridad existe cuando los empleados comprenden y están a la altura de los valores de su compañía, y esperan que los demás (particularmente los líderes) hagan lo mismo. Una vez más, el impacto de la integridad es significativo. Las compañías con puntuaciones de integridad bajas generan aproximadamente la mitad del valor económico extra que aquellas con puntuaciones altas. Para determinar si los empleados creen que hay integridad en el lugar de trabajo, consideramos estos indicadores:

- Confían en la dirección.
- Creen que los altos directivos responden ante un comportamiento poco ético.
- Creen que el empleador actúa con honestidad e integridad.
- Creen en la información que reciben de la gerencia.

La importancia del compromiso de los empleados y de un ambiente de trabajo efectivo se ha visto confirmada de muchas maneras y por muchas organizaciones. Por ejemplo, el Corporate Leadership Council (CLC) realizó una importante investigación sobre las actitudes de los empleados de las compañías miembro. En este estudio, el consejo analizó 300 *palancas* diferentes disponibles para que las organizaciones impulsen el esfuerzo discrecional y mejoren el desempeño, y descubrieron que 50 de ellas eran notablemente más efectivas para crear un esfuerzo discrecional entre los empleados. Estas *palancas de compromiso* fueron sorprendentemente consistentes en todos los niveles de empleados (gerentes, trabajadores por hora, empleados de primera línea, vendedores, miembros de la generación X y de la generación Y,[5] etc.).[6]

Las diez *palancas* principales son organizacionales y no impulsadas por gerentes individuales. He aquí estos diez factores que impulsan el compromiso de la fuerza laboral:

---

5. La generación X está formada por todas las personas nacidas aproximadamente entre 1965 y 1980; considerada una generación de transición, han vivido el surgimiento de Internet y aspiran a tener un trabajo estable. Por su parte, las personas que conforman la generación Y (o *millenials*) han nacido entre 1980 y 1996, son nativas digitales y, a diferencia de las personas de la generación que las precede, aspiran a cambiar de empresa varias veces en su vida. *(N. del T.)*
6. Corporate Leadership Council: «Driving Performance and Retention Through Employee Engagement», CLC *Executive Summary*, 2004. [Disponible en: www.stcloudstate.edu]

LAS DIEZ PRINCIPALES PALANCAS DE COMPROMISO SEGÚN EL CORPORATE LEADERSHIP COUNCIL

1. Conexión entre el trabajo y la estrategia organizacional

2. Importancia del trabajo para el éxito organizacional

3. Comprensión de cómo completar proyectos de trabajo

4. Comunicación interna

5. Muestra de un fuerte compromiso con la diversidad

6. Muestra de honestidad e integridad

7. Reputación de integridad

8. Adaptación a las circunstancias cambiantes

9. Expresión clara de los objetivos de la organización

10. Posesión de habilidades laborales[7]

El estudio del CLC también distingue entre el *compromiso racional* de un empleado (que está impulsado por factores como un salario competitivo y condiciones laborales básicas) y su *compromiso emocional.* Aunque tener un compromiso racional puede hacer que sea menos probable que un empleado se vaya y más probable que contribuya con cierto esfuerzo, el compromiso emocional es el que tiene el mayor impacto sobre el esfuerzo discrecional del individuo.

Los empleados deben tener un compromiso racional si se van a quedar en la compañía, pero también un compromiso emocional para lograr un éxito sobresaliente. Las organizaciones más eficaces brindan un liderazgo fuerte, planes de trabajo flexibles, protección para las per-

7. Íbid.

sonas, sistemas amplios de recompensas y un enfoque del desempeño y de la justicia independiente del estatus.

¿Cómo encaja tu lugar de trabajo en todo esto?

FOMENTA EL ENFOQUE

Los gerentes y los trabajadores de hoy en día están entrando en una asociación nueva y única dentro del lugar de trabajo moderno. En vez de limitarse a dirigir y dar órdenes a sus empleados, los gerentes actuales deben establecer y enriquecer un entorno de empresa que incentive a los trabajadores a contribuir más. Es decir, se les incentiva a encontrar maneras de superar los desafíos de la compañía, buscar y descubrir nuevas fuentes de oportunidades, y compartir sus mejores trabajos e ideas. Con el fin de guiar adecuadamente a los empleados para que actúen así, los gerentes deben considerar formular las siguientes preguntas a sus trabajadores:

- ¿Cómo se pueden mejorar e implementar nuevas ideas para crear nuevos servicios o productos?
- ¿Cómo podemos mejorar el trabajo en equipo y la moral de los empleados, sobre todo de maneras rentables?
- ¿Eres consciente de cuánto tú y tus compañeros influís en los resultados de la compañía?
- ¿Cuáles son los pasos que debemos aplicar como organización para ahorrar tiempo, dinero y recursos?

PIDE LA OPINIÓN DE LOS EMPLEADOS

¿Alguna vez tu organización incentiva a los empleados a que expresen sus inquietudes, sugerencias o ideas? ¿Tu personal está dispuesto a hablar sobre este tipo de cosas? Cuando empiezas a pedir constantemente ideas a tu personal, no sólo incrementas su participación, sino que también abres la puerta a algunos resultados muy beneficiosos, como maneras de optimizar los procesos, mejorar el servicio al cliente o ahorrar dinero.

Asegúrate de preguntar directamente a los trabajadores qué piensan sobre las políticas y prácticas; no te bases para ello únicamente en encuestas al terminar una reunión o en buzones de sugerencias que nadie utiliza. Reta a los empleados a encontrar nuevas áreas de mejora y hazles saber lo importante que es su aportación para el éxito de la compañía. Cada empleado tiene la capacidad de proponer una idea revolucionaria, y tu trabajo como gerente es implementarla.

DEJA QUE LOS EMPLEADOS SE INVOLUCREN EN LAS DECISIONES

Sabemos que la mayoría de las veces, las decisiones sobre cambios en la compañía provienen de empleados de dirección. Pero ¿cómo sabemos que éstas son las mejores decisiones que podemos tomar? ¿No deberían las personas que trabajan en los puestos o los departamentos afectados influir sobre las decisiones, no únicamente los gerentes o los ejecutivos?

En efecto, dejar intervenir a los empleados en la toma de decisiones es una poderosa manera de lograr su participación y aceptación por parte de toda la compañía. A menudo, esto se debe a que, cuando les pides sus opiniones, estás demostrando que los respetas y confías en ellos. Aparte de pedirles su opinión sobre asuntos importantes del departamento, anímalos a que establezcan objetivos para sus departamentos.

Además, asegúrate de que las ideas y las soluciones exitosas se reconozcan adecuadamente: recompensas como incentivos en efectivo reconocen el arduo trabajo y la visión de un empleado, e inspiran a otros a encontrar mejoras adicionales.

En última instancia, no pretendes que tu personal crea que las decisiones se toman sin considerar sus aportaciones. Si tus empleados piensan que su opinión no importa, se sentirán menos inclinados a compartir sus opiniones y críticas contigo. La falta de comentarios adecuados supondrá una piedra en el camino de tu compañía hacia la mejora y el éxito.

Si los empleados consiguen desarrollar sus propios planes de trabajo adecuados, el trabajo adquiere un propósito y los empleados se involucran por completo. A medida que vayas involucrando a tus empleados, encuentra formas de aumentar su autonomía, ya sea incentivándolos a hallar nuevas ideas y utilizar nuevos recursos, o permitiéndoles llevar a cabo acciones específicas para completar sus tareas. Los trabajadores de hoy en día se encuentran más motivados por los horarios de trabajo flexibles, la autoridad y la autonomía. Cuando les proporciones estos y otros motivadores, su moral, compromiso y desempeño mejorarán.

EL PODER DE LOS HORARIOS Y DE LOS PLANES DE TRABAJO FLEXIBLES

Los horarios de trabajo flexibles ofrecen numerosos beneficios tanto para los empleados como para los empleadores. Los estudios muestran que los empleados con horarios flexibles tienen menos estrés, a menudo porque están involucrados en actividades fuera del trabajo y tienen un mejor equilibrio entre trabajo y vida. Por lo tanto, considera acciones como implementar semanas laborales de cuatro días y permitir el teletrabajo u horarios de trabajo alternativos (por ejemplo, que los empleados lleguen tarde y se vayan tarde) si tales disposiciones no interfieren en el servicio a los clientes o la realización del trabajo de manera eficiente y efectiva.

Independientemente de los métodos que decidas implementar, trabaja con tus empleados para hacer posible los horarios flexibles; no sólo apreciarán la reducción del tiempo de desplazamiento y el mayor número de horas que pasan en casa con la familia, sino que tu compañía también se verá recompensada con un incremento de la productividad.

Los cambios en los avances tecnológicos traen como consecuencia cambios en la conducta comercial y nuevas formas de trabajar para los empleados. A medida que más y más empresas utilizan las plataformas digitales, más y más tareas se pueden llevar a cabo sin que los trabajadores tengan que estar presentes físicamente en una oficina. Éste es el motivo por el cual diversas organizaciones han tomado medidas para implementar horarios y opciones flexibles para comunicarse a distancia.

Algunos gerentes necesitan tiempo para acostumbrarse al teletrabajo, pero si lo implementas verás sus beneficios siempre que trates a tus empleados como si fueran responsables. Hacerlo así les da una sensación de empoderamiento. ¿Aún no estás convencido? Considera las siguientes estadísticas de un informe publicado por el sitio de trabajo Indeed:

- El 52 % de los empleados desearía poder trabajar desde casa.
- Casi la mitad de los empleados (47 %) afirma que, cuando buscan trabajo, es importante para ellos si una empresa tiene o no una política de teletrabajo.
- Más de un tercio de los empleados (40 %) consideraría aceptar un recorte salarial a cambio de poder hacer teletrabajo.
- En el caso de aquellos empleados que trabajan desde casa, el 75 % afirma que, gracias a ello, tienen un mejor equilibrio entre trabajo y vida, y el 57 % cree que son más productivos cuando trabajan desde casa.[8]

Crear un sentido de equilibrio personal y laboral tiene que ver en gran medida con los deseos de los empleados de conservar sus propias identidades. Aunque muchos creen que sus trabajos forman parte de lo que son, es muy posible que no siempre quieran que sea así. Incentívalos para que profundicen más en sus intereses fuera de la oficina; para ellos, esto les depara un buen equilibrio entre el trabajo y la vida personal, fundamental para la productividad y la salud en general.

---

8. Indeed Editorial Team: «Report: Remote Work Can Bring Benefits, But Attitudes Are Divided», *Indeed Blog*, 14 de noviembre de 2018. [Disponible en: blog.indeed.com]

CÓMO APOYAR A LOS EMPLEADOS COMO GERENTE

Toma nota: según un estudio de Gallup, el 51 % de los adultos estadounidenses que actualmente ya están trabajando están buscando activamente un nuevo trabajo o están atentos a nuevas oportunidades laborales.[9] ¿Por qué? En muchos casos, esto se debe a que no perciben que sus gerentes los estén apoyando a ellos o a las decisiones que toman. Esto demuestra que los gerentes tienen un largo camino por recorrer en lo que respecta a motivar e incentivar adecuadamente a sus empleados.

¿Necesitas algunos consejos para asegurarte de que tus empleados se sientan respaldados? He aquí algunos:

Demuestra que les entiendes: Reúnete con ellos con conocimiento y empatía. Cuanto más sientan que los estás apoyando, más estables serán, y tu negocio irá bien gracias a ello.

Apóyalos incluso cuando cometan errores: Algunos gerentes critican a los empleados que se equivocan. Sin embargo, cuando esto pasa, los trabajadores pueden sentirse mal consigo mismos y menos inclinados a actuar con confianza por su cuenta.

Fomenta el diálogo abierto y muéstrate disponible: Mantén todos los canales de comunicación abiertos. Debes estar a disposición de tus empleados para que puedan expresarte sus deseos, necesidades, temores y desafíos.

Recuerda que hay muchos talentos y habilidades que puedes aprovechar entre todos tus empleados. En última instancia, elogiar, incentivar y autorizarles para que tomen decisiones es la forma que tienes de animarlos de manera efectiva para que den lo mejor de ellos mismos, lo que a su vez beneficiará a tu compañía a corto y a largo plazo.

---

9. Pendall, R.: «Tomorrow Half Your Company Is Quitting (So Win Them Back)», *Gallup Workplace*, 4 de diciembre de 2017. [Disponible en: www.gallup.com]

UTILIZA LA TECNOLOGÍA A TU FAVOR

Ahora más que nunca, estamos rodeados de tecnología. No podemos escapar de ella: los ordenadores y otras herramientas digitales conviven con nosotros tanto en el hogar como en el trabajo, y se están convirtiendo cada vez más en parte de nuestro día a día. Si sigues trabajando con tecnología y sistemas de comunicación arcaicos, no sólo estás perjudicando a tus equipos, sino que estás permitiendo que la competencia tome la delantera.

No seas como los gerentes que subestiman el poder de la tecnología y las importantes ventajas que puede brindar. Familiarízate con lo que puede hacer por tu organización, como, por ejemplo:

- Distribuir información a todo el personal de manera generalizada y en tiempo real.
- Comunicar con socios que se especializan en la fabricación y el desarrollo de productos.
- Asegurar una fuerte fidelidad del cliente a través del compromiso online.

Algunas empresas compran un montón de programas, aplicaciones o herramientas digitales sin tener en cuenta la tecnología que ya tienen. Otras se entusiasman con la implementación de nuevas tecnologías y luego no las utilizan. Aunque tengas claro que la tecnología es una inversión necesaria para las estrategias comerciales, asegúrate de crear un plan de acción meticuloso para implementarla si realmente deseas aprovechar sus beneficios.

Paso 1: Considera los valores de tu compañía. Escríbelos.

Paso 2: Visualiza dónde se encontrará dentro de diez años. ¿Qué habrá cambiado? ¿Tu negocio estará en el mismo sector? ¿Tendrá más empleados?

Paso 3: Decide un objetivo importante de la empresa para dentro de un año y persíguelo.

Paso 4: Redacta una lista de estrategias (y tareas) para el logro de objetivos.

Paso 5: Haz una sesión de *brainstorming* para establecer hitos y plazos.

Paso 6: Averigua qué tecnologías se adaptarán mejor a tus tácticas.

REVOLUCIONA TU NEGOCIO

Algunas de las compañías actuales de más éxito lo han conseguido tras superar los obstáculos que aún se interponen en el camino del éxito de otras compañías. Considera los ejemplos que siguen mientras piensas en cómo puedes revolucionar tu propio negocio.

Costco

Esta compañía ha adoptado una postura muy pública de que se centrará prioritariamente en sus clientes y empleados, razonando que logrará el éxito comercial si tiene clientes satisfechos y una fuerza laboral comprometida. Paga muy bien a los trabajadores del almacén, muy por encima de los salarios típicos de los minoristas. Los trabajadores también reciben beneficios muy generosos según los estándares de la industria, incluido un plan de asistencia médica que una vez provocó la ira de los analistas de Wall Street. Aunque se han aplicado algunos cambios modestos desde entonces, Costco sigue reafirmando su compromiso con los empleados manteniendo un programa muy generoso.

Además de estas ventajas económicas, Costco ofrece un entorno rico en respeto por los trabajadores. Se pide que los gerentes de almacén entiendan y potencien su fuerza laboral. De manera rutinaria, los jefes son promocionados desde dentro de la empresa en lugar de ser contratados fuera. Despedir a un empleado exige una serie de importantes revisiones y aprobaciones.

¿El resultado de todo ello? La productividad y la fidelidad entre los trabajadores de Costco se encuentran en niveles casi inauditos para la industria al por menor. La rotación es casi inexistente entre los empleados que llevan dos años en la compañía. Muchas personas hacen de Costco una elección profesional, lo que contribuye a su gran éxito.

Procter & Gamble (P&G)

En muchos sentidos, esta empresa refuerza la creencia de los líderes de que las personas son las verdaderas «culpables» del éxito empresarial. En esencia, la cultura única de P&G es una sólida declaración de propósitos, valores y principios. Los dos principios principales son «Mostramos respeto por todas las personas» y «Los intereses de la compañía y los de las personas son inseparables».[10] Estos principios son la base de muchos esfuerzos programáticos en P&G y, lo que es más importante, dan como resultado el reconocimiento generalizado de que la compañía es realmente un «empleador de elección» para las personas con talento.

Starbucks

La perspectiva de Starbucks es que sus empleados son realmente socios, fundamentales para la satisfacción del cliente. De hecho, los empleados se llaman *socios* e incluso el nombre del departamento de Recursos Humanos se cambió a Recursos para Socios. Este visible respeto por el individuo se extiende a los programas que ofrece Starbucks: beneficios de asistencia médica para la mayoría de los socios y propiedad de acciones a través del programa Bean Stock. Además, la empresa presta mucha atención al entorno de trabajo porque el liderazgo entiende que muchos de los que trabajan en Starbucks quieren un lugar animado y divertido donde pasar el tiempo…, al igual que muchos de los clientes de Starbucks.

Stonyfield Farm

Los líderes de la compañía se esfuerzan para que los empleados se ocupen del negocio como si fuera suyo. Esto se logra ofreciéndoles la

10. P&G: «Purpose, Value, and Principles: Our Foundation», *Procter and Gamble*. [Disponible en: www.pg.com; acceso el 4 de septiembre de 2019]

oportunidad de disfrutar de las recompensas de su arduo trabajo compartiendo los beneficios. Además, la empresa trata a los empleados como miembros importantes del equipo mostrándoles sus cuentas: saben todo lo que hay que saber sobre la posición financiera de Stonyfield Farm.

Toyota Motor Company

A pesar de que ha crecido, las relaciones en Toyota se basan en una cultura de respeto por el individuo. Muchos creen que ello se debe a los orígenes de Toyota en un pueblo pequeño, donde directivos y trabajadores vivían los unos al lado de los otros. Los líderes de Toyota no podían ignorar ni pasar por alto las capacidades y las necesidades del trabajador común.

El enfoque de ingeniería eficiente adoptado por Toyota y copiado en todo el mundo vuelve a enfatizar este respeto por el conocimiento y las capacidades del trabajador de primera línea. Sólo involucrando a quienes hacen el trabajo para encontrar formas de aumentar la productividad, se puede lograr un verdadero cambio. Hoy en día, Toyota y otras organizaciones de procesos eficientes vuelven a recurrir al sentido común de sus trabajadores para progresar.

15

Fracasa más rápido (¡y gana antes!)

Crea experimentos que permitan errar con cuidado e incorpora ciclos de retroalimentación rápidos para comprender si estamos logrando los resultados deseados.

BARRY O'REILLY, asesor de negocios

Puedes correr y puedes esconderte, pero la realidad es que, en cualquier momento, el cambio entrará por la puerta principal de tu organización.

Algunos tratan de detenerlo, otros tratan de negarlo, pero, pase lo que pase, el cambio se producirá. Puede darse en la estructura de la empresa o en la carga de trabajo individual. Puede darse a pequeña escala (por ejemplo, un nuevo protocolo con las facturas de los clientes) o a gran escala (por ejemplo, una relocalización de la compañía).

La mayoría de los gerentes pasan gran parte de sus horas de trabajo simplemente tratando de luchar contra el cambio, preparándose y entendiéndolo, y evitando que afecte negativamente a su organización. Pero no tienen en cuenta algo muy importante: las empresas pueden beneficiarse y prosperar con el cambio.

En verdad, las empresas –como las personas– *necesitan* un cambio. Éste conduce a mejores productos, al avance individual tanto en la vida profesional como en la personal, y al progreso general. El cambio no es algo a lo que hay que temer, sino que se debe aceptar e incluso apreciar. En este capítulo analizaremos el cambio y cómo incentivar a los empleados a hacer que se produzcan buenos cambios en las organizaciones mediante la experimentación y la toma de riesgos.

¿CUÁLES SON LAS CUATRO ETAPAS DEL CAMBIO?

La mayoría de nosotros probablemente pensemos que sabemos cómo nos afectan los cambios. Sin embargo, hay cuatro etapas definidas que cada uno de nosotros atraviesa cuando navegamos por un cambio significativo en nuestras vidas. Los problemas se dan cuando nos quedamos atascados en una de estas cuatro etapas.

Etapa 1: Negación. La negación puede ser casi inmediata cuando recibes la noticia de que se avecina un cambio o que ya está aquí. Los empleados pueden tener dudas de que el cambio se implementará y tú puedes tener problemas para imaginar un mundo sin el sistema anterior. Pero el hecho de que niegues el cambio o que no puedas ver los resultados instantáneamente no significa que no se haya producido un cambio.

Etapa 2: Resistencia. Resistirse al cambio es una manera totalmente normal de responder ante cualquier tipo de cambio. Todos nos resistimos a veces al cambio, pero no debes quedarte estancado por esta resistencia. Seguir adelante con viejas prácticas o maneras de hacer las cosas puede resultarte cómodo, pero debes aceptar el cambio para poder recibir los beneficios que traerá consigo.

Etapa 3: Exploración del cambio. En esta etapa empiezas a darte cuenta de que los nuevos cambios son válidos y que no tiene ningún sentido negar o resistirse a lo que está pasando. Ahora puedes analizar los pros y los contras de este cambio y decidir cómo moverte por él. El progreso está comenzando a darse.

Etapa 4: Aceptación. Finalmente, has aceptado el cambio. Ahora se integra de manera efectiva en tu rutina y ya forma parte del *statu quo*. Incluso puedes llegar a preguntarte por qué antes lo rechazabas y lo negabas. Completar con éxito este paso te prepara para el próximo cambio, que inevitablemente se dará, tal vez antes de lo que crees.

SEÑALES DE ADVERTENCIA DE QUE TE ESTÁS RESISTIENDO AL CAMBIO

A veces nos resistimos al cambio sin saberlo y las personas a las que gestionamos hacen lo mismo. Si nos resistimos al cambio en lugar de aceptarlo, nuestras organizaciones nunca sacarán todo el provecho de él. Estate atento a estas siete señales de advertencia de resistencia. Si aparece alguna de ellas, es probable que tú o tus empleados no estéis aceptando el cambio como deberíais para hacer progresar a tu organización.

1. **Ralentizar las cosas:** Es normal querer dedicar tiempo a evaluar y examinar los cambios a fin de decidir una respuesta, pero si dedicas demasiado tiempo a ello, la productividad de tu organización puede desplomarse.

2. **Evitar nuevas tareas:** Las nuevas prácticas y los cambios en una organización pueden obligar a alguien que se resiste al cambio a evitar del todo las tareas porque se siente agobiado por el cambio o, simplemente, incómodo con lo desconocido.

3. **Actuar como una víctima:** Cuando desempeñas el papel de víctima, es más fácil que los demás sientan lástima por ti, lo que puede ser una posición tanto cómoda como peligrosa. De todos modos, tu organización no ha contratado a una víctima, así que, si se da un cambio, acéptalo y sácale provecho.

4. **Esperar que alguien más tome la iniciativa:** Hace años, no se solía exigir que los empleados normales dieran un paso al frente y tomaran la iniciativa en tiempos de cambio. Eso era trabajo de la gerencia. Cuando tú u otra persona de tu equipo estáis esperando que alguien más tome la iniciativa frente al cambio, es una señal evidente de resistencia al mismo.

5. **Utilizar reglas y sistemas viejos:** Cambiar significa jugar a un nuevo juego. Y jugar a un nuevo juego significa nuevas reglas. Si

sigues jugando al viejo juego utilizando las viejas reglas, pronto te quedarás atrás.

6. **Tratar de controlar lo que no se puede controlar:** No desperdicies energías tratando de controlar lo inevitable. Por el contrario, concentra tus esfuerzos en cómo responder de manera efectiva y aprovechar los cambios que llegan.

7. **Dejar que el cambio te paralice:** Ésta es la mayor señal de que te resistes al cambio. Si crees que el cambio te agobia demasiado, puede suceder que te des totalmente por vencido. No podrás responder con éxito al cambio y no cumplirás con tus tareas. En lugar de quedarte paralizado por el cambio, considera ser un gran admirador del mismo; acéptalo y encuentra maneras de ser flexible con él. Céntrate en aquellas cosas que puedes conseguir en lugar de en las que no puedes. Sigue manteniendo implicados a tus empleados y haz que se sientan valorados: recompensa a los que han aprendido a aceptar los continuos cambios y que, como consecuencia de ello, han prosperado.

Resolver un problema como ser resistente al cambio requiere que primero reconozcas las señales. Si tú o tus empleados mostráis alguna de estas señales de advertencia, puedes hacer algo. Puedes cambiar tus actitudes sobre el cambio y hacer que te funcione. Después de todo, sólo cuando te sientas cómodo aceptando el cambio, tendrás más oportunidades de beneficiarte de él.

ANIMA A LOS EMPLEADOS A AVANZAR Y A CORRER RIESGOS

En el trabajo, el cambio en toda la empresa no afecta únicamente a una persona, sino también a equipos, departamentos y, a menudo, a toda la organización en su conjunto. Dado que el cambio suele ser interminable –debido a cambios en los mercados, avances tecnológicos y en los deseos y las necesidades de los clientes–, debes recordar que los empleados necesitarán tu apoyo para adaptarse a los nuevos entornos. He aquí algunas maneras de hacerlo.

Instando a los empleados a responsabilizarse de sus cometidos

Lo creas o no, un empleado al que se le da permiso para hacerse cargo de sus propias responsabilidades y tareas es alguien capaz de superar grandes cambios en el lugar de trabajo. Anima a los empleados a que den un paso adelante y se encarguen: encontrarán formas de mejorar el rendimiento y tu organización será exitosa.

Como gerente, es tu prioridad hacer que los empleados se sientan lo suficientemente cómodos como para hacerse cargo de sus responsabilidades. Así, no sólo se verá beneficiada la productividad de la empresa, sino que también los empleados podrán enfrentarse mucho mejor a cualquier cambio.

Éstos son algunos consejos para animarlos a hacerse cargo de sus cometidos:

- Pídeles que busquen mejoras potenciales para las prácticas y políticas laborales, para tu departamento o incluso para la organización en su conjunto.
- Si necesitan ayuda, ofrécete como voluntario para ayudarles a implementar ideas.
- Haz que creen un plan de acción para el seguimiento.
- Sugiere que se centren en encontrar puntos de mejora que afectarían más positivamente a la organización.

Proporciona empatía y apoyo

Un cambio –especialmente uno importante– no es una broma. Cuando se produce, muchas personas tienen problemas para ajustarse o adaptarse adecuadamente a cosas que son muy diferentes a las que están acostumbradas. Proporciona empatía y apoyo a tus empleados mientras afrontan el cambio; apreciarán que su jefe se preocupa por su bienestar y aceptarán más el cambio. He aquí algunas formas de aportar empatía y apoyo en momentos de cambio:

Forma a los empleados: Cuando llegue el cambio, ofréceles formación interna sobre cómo enfrentarse al cambio. Una opción es contratar a un consultor externo especializado en esta área en concreto.

Sé comunicativo: En la medida de lo posible, avisa con anticipación a los empleados sobre posibles cambios en el trabajo. Mantenlos informados para que no se sorprendan con lo inesperado.

Evita dorar la píldora: Diles la verdad. Nadie quiere asustarse por los futuros cambios o las malas noticias, pero tampoco quiere falsas garantías.

Pide retroalimentación e implícalos: Comunícales que te gustaría recibir sus sugerencias sobre cómo abordar los problemas relacionados con los posibles cambios que puedan surgir. Responde positivamente a los comentarios. Incluso puedes implementar sus ideas y delegar responsabilidades a la hora de tomar decisiones que tengan que ver con los cambios.

Demuestra que te importa: En última instancia, deseas mostrarles que realmente te preocupas por su estado en tiempos de inestabilidad empresarial. Sé un buen oyente y anímalos a comunicar sus ideas e inquietudes. Sobre todo, piensa que, cuando el cambio se haya aposentado, la organización progresará e incluso le podrá sacar el máximo rendimiento.

Mantén el ánimo alto

Los cambios drásticos, como por ejemplo la reducción de personal, pueden afectar gravemente a la seguridad y la motivación de los empleados. Mantener alta su moral resulta crucial durante estos tiempos de grandes cambios. Los empleados se sentirán desanimados por la incertidumbre laboral durante este período y es posible que estén trabajando más para cubrir a los que han sido despedidos. Así es cómo puedes ayudar a mantener el buen humor independientemente de los cambios que se estén dando en la empresa:

Sé franco y honesto: Si ocultas la verdad, los empleados te respetarán menos por no ser directo y sincero. Infórmales de si un cambio venidero afectará de alguna manera a sus puestos de trabajo. No pospongas darles la noticia hasta que sea demasiado tarde.

Pon a los empleados por delante: Si les concedes máxima prioridad, se darán cuenta de esto y trabajarán mejor, con más perseverancia y una mayor lealtad. Dales el 100 % y ellos te darán el 110 % a cambio.

Crea y fomenta un ambiente divertido: Una empresa desanimada no es una empresa donde se trabaja a gusto o donde los empleados están contentos. Inyecta diversión en la rutina normal. Organiza un día de playa (con arena en el almacén) o un torneo de golf con un campo diseñado en las oficinas, o programa un día repleto de actividades divertidas para todos los empleados.

Sé un líder: Ahora es tu momento de liderar. Dar un buen ejemplo significa tomar la iniciativa para desempeñarse bien incluso cuando la cosa se pone difícil, y significa servir de inspiración a los empleados.

16

Lidera una fuerza de trabajo diversa

La diversidad va de todos nosotros, y de que tengamos que descubrir cómo caminar juntos por este mundo.
JACQUELINE WOODSON, autora

La *diversidad*, especialmente en el lugar de trabajo, ya no es una palabra de moda muy discutida. Dado que las comunidades globales –y las empresas– se vuelven cada vez más diversas con el tiempo, la diversidad entre el personal, los líderes, los consumidores y los clientes es una realidad.

Cuando hablamos de *diversidad* en un entorno empresarial, estamos describiendo un lugar de trabajo que refleja la gran variedad de personas que hay en el mundo que nos rodea; esto incluye género, etnia, orientación sexual, capacidad física y mental, etc. William Rothwell explica, además, que:

> Celebrar la diversidad significa apreciar a otras personas por lo que son, independientemente de factores que no tienen nada que ver con el desempeño, como raza, color, sexo, religión, nacionalidad, cultura, discapacidad física o mental, edad, orientación sexual, identidad de género, estatus de veterano o estatus migratorio, así como las perspectivas creativas que diferentes personas pueden aportar a un grupo.[1]

1. Rothwell, W.: *The Manager's Guide to Maximizing Employee Potential: Quick and Easy Strategies to Develop Talent Every Day.* AMACOM, Nueva York, 2009, pág. 172.

Cuando contratamos y retenemos una fuerza laboral diversa, abrimos nuestras organizaciones a nuevas ideas y formas de pensar que pueden aumentar el éxito. Y no sólo eso, sino que también nuestras organizaciones reflejan mejor el mundo en el que hacemos negocios, logrando que nuestros productos y servicios se adapten mejor a nuestros clientes.

Para conseguir un éxito comercial mayor y más duradero, es importante comprender que, aunque el estado actual de la fuerza laboral contemporánea cuenta con una mayor diversidad, todavía queda mucho camino por recorrer. De hecho, la falta de igualdad de trato sigue siendo motivo de preocupación en muchas empresas y otras organizaciones.

Orientación sexual: Dado que las personas lesbianas, gays, bisexuales y transgénero son más aceptadas en el trabajo, se puede observar que la diversidad en el lugar de trabajo ha aumentado en lo que respecta a la orientación sexual. Sin embargo, Catalyst afirma que «una quinta parte (20 %) de los estadounidenses LGBTQ han experimentado discriminación por orientación sexual o identidad de género al pedir empleo». Catalyst también afirma que «el 22 % de los estadounidenses LGBTQ no reciben el mismo salario ni son promocionados al mismo ritmo que sus compañeros de trabajo».[2]

Raza: Según una encuesta de NBC News de 2018, el 64 % de los estadounidenses opinan que el racismo sigue siendo un problema importante en nuestra sociedad actual. Al mismo tiempo, el 45 % de los estadounidenses creen que las relaciones raciales en Estados Unidos están empeorando: el 40 % de los afroamericanos afirman que fueron tratados injustamente en una tienda o en un restaurante debido a su raza durante el último mes, y el 25 % de los hispanos dicen haber sido tratados injustamente en la misma situación durante el último mes. En el caso de los blancos, esta cifra se reduce al 7 %.[3]

---

2. Catalyst: «Quick Take: Lesbian, Gay, Bisexual, and Transgender», *Workplace Issues*, 17 de junio de 2019. [Disponible en: www.catalyst.org]
3. Arenge, A.; Perry, S., y Clark, D.: «Poll: 64 Percent of Americans Say Racism Remains a Major Problem», *NBC News*, 29 de mayo de 2018. [Disponible en: www.nbcnews.com]

Género: Según un informe de Catalyst, aunque en 2017 las mujeres ocupaban el 51,6 % de todos los puestos de gestión y ocupaciones afines, están menos representadas cuanto más suben en la organización. En las empresas del S&P 500,[4] por ejemplo, sólo el 26,5 % de los ejecutivos y de los gerentes de alto nivel, y el 4,8 % de los directores ejecutivos, son mujeres.[5]

Aumentar la diversidad y la igualdad en el lugar de trabajo requiere esfuerzo. Tú y tu compañía debéis crear y ejecutar un plan que exija un proceso de contratación más diverso e inclusivo. Incentiva a las personas de otra raza a postularse para puestos y comprende que una compañía inclusiva conseguirá lugares de trabajo más felices, creativos e innovadores. También tiene recompensas financieras: según un estudio de Boston Consulting Group (BCG), las compañías que tienen equipos de gestión más diversos generan un 19 % más de ingresos. ¿Por qué? Porque son más innovadoras que las compañías con equipos directivos poco diversos.[6]

LA VENTAJA DE LA DIVERSIDAD

Necesitamos darnos el espacio para crecer, para ser nosotros mismos, para ejercer nuestra diversidad. Necesitamos darnos espacio los unos a los otros para que podamos dar y recibir cosas tan hermosas como ideas, amplitud de miras, dignidad, alegría, sanación e inclusión.

Max de Pree, exdirector ejecutivo de Herman Miller

Si tu organización no es tan diversa como podría o debería ser, entonces hay muchos motivos para defender la inclusión y la diversidad.

4. Considerado el índice más representativo de la situación real del mercado, el índice Standard & Poor's 500 (S&P 500) reúne 500 grandes compañías que cotizan en la bolsa de Nueva York o en el NASDAQ. *(N. del T.)*
5. Catalyst: «Quick Take: Women in the Workforce—United States», 5 de junio de 2019. [Disponible en: www.catalyst.org]
6. Powers, A.: «A Study Finds That Diverse Companies Produce 19 Percent More Revenue», *Forbes*, 2 de junio de 2018. [Disponible en: www.forbes.com]

En un principio, es posible que quieras promoverla para que coincida con los estándares de la industria para compañías como la tuya, para adaptarla a las responsabilidades sociales o para cumplir con los requisitos legales. Pero también debes saber que las compañías más exitosas conocen el verdadero poder y los beneficios del lugar de trabajo inclusivo y diverso. Saben que un negocio inclusivo tiene una gran ventaja sobre los competidores y que las empresas líderes conocen la correlación entre el desempeño comercial y la diversidad.

Un informe emitido por McKinsey & Company en 2018 señala una serie de razones para defender la inclusión y la diversidad en los negocios:

La diversidad importa. Existe una correlación estadísticamente significativa entre un alto rendimiento financiero y los equipos de liderazgo más diversos.

La diversidad de género crea valor. Se ha demostrado que las empresas clasificadas en el cuartil superior de diversidad de género en los equipos ejecutivos tienen un 21 % más de probabilidades de obtener un rendimiento superior en rentabilidad y un 27 % más de probabilidades de ser creadores de valor superior.

La diversidad étnica y cultural conduce a mayores ganancias. Las empresas con equipos ejecutivos en el cuartil superior de diversidad étnica/cultural tienen un 33 % más de probabilidades de liderar sus industrias con rentabilidad.

No participar significa quedarse atrás. Existe un castigo persistente para una empresa que se desempeña mal cuando se mide su diversidad. Ciertamente, las compañías que se sitúan el cuartil inferior en cuanto a diversidad étnica/cultural y de género tienen un 29 % menos de probabilidades de obtener beneficios superiores a la media.[7]

7. Hunt, V.; Prince, S.; Dixon-Fyle, S., y Yee, L.: «Delivering through Diversity», *McKinsey & Company*, enero de 2018.

No te equivoques al respecto, se está progresando, pero este progreso es dolorosamente lento. Mientras que algunas compañías están aumentando la representación cultural y de género en puntos porcentuales de un solo dígito, otras aún no están recurriendo de manera efectiva a la inclusión y la diversidad para alcanzar objetivos de crecimiento e influir en los resultados comerciales.

Si pretendes que tu entorno de trabajo inclusivo y diverso genere un impacto global, comunica una visión convincente que promueva la inclusión y la diversidad, y avance hacia la gerencia media, o que vincule las estrategias de crecimiento con la inclusión y la diversidad. En última instancia, quieres incorporar una cultura de inclusión y diversidad en el ADN de tu organización. Esto atraerá y retendrá a los mejores talentos en tu negocio, y mejorará el servicio al cliente al mismo tiempo que aumentará la satisfacción de los empleados.

DERRIBA LAS BARRERAS A LA DIVERSIDAD

Desafortunadamente, muchos departamentos de selección de personal se enfrentan a menudo a obstáculos de diversidad en sus organizaciones, que crean barreras para atraer y retener a las mejores personas. Alcanzar la diversidad en el lugar de trabajo no es tan sencillo o natural como uno esperaría, pero hay formas en que puedes abordar y prevenir muchos de los problemas de diversidad más comunes en el lugar de trabajo.

Resuelve la desigualdad de género: El salario base de un hombre es aproximadamente un 24,1 % más alto que el de una mujer, y las mujeres tienen un 30 % menos de probabilidades de ser ascendidas a un puesto directivo que los hombres.[8] Como empleador, evita la discriminación de género garantizando la igualdad en lo que respecta a salarios cuando contrates y cuando promuevas y des oportunidades.

8. Hood, A.: «7 Biggest Diversity Issues in The Workplace», *This Way Global* (blog). [Disponible en: www.thiswayglobal.com; acceso el 16 de agosto de 2019]

Adapta el lugar de trabajo a las discapacidades físicas y mentales: Proporciona un entorno de trabajo físico justo para crear una fuerza laboral diversa. Por ejemplo, las adaptaciones adecuadas, como las rampas para sillas de ruedas, hacen que el espacio de trabajo sea accesible para todos aquellos que tienen ciertas limitaciones físicas.

Supera las brechas generacionales: Estate alerta al hecho de que las organizaciones con grupos de edad más diversificados pueden estratificarse en camarillas y círculos sociales que aíslan a los trabajadores. Fomenta en tu compañía una cultura de comunicación abierta para mantener el trabajo en equipo en todos los grupos de edades.

Soluciona las barreras idiomáticas y de comunicación: Frecuentes en diversas fuerzas laborales, las barreras idiomáticas y de comunicación se pueden solucionar ofreciendo formación en idiomas; esto puede reducir la pérdida de productividad y la falta de comunicación.

Aborda las diferencias culturales: Los empleados con diferentes antecedentes culturales, étnicos o religiosos pueden tener que enfrentarse a prejuicios en el lugar de trabajo. Esto nunca debe tolerarse; por lo tanto, asegúrate de implementar programas de concienciación sobre la diversidad, formación en sensibilidad cultural y políticas internas de la compañía que eviten los prejuicios.

Acomoda todas las creencias: Un lugar de trabajo diverso implica diversas creencias culturales, políticas y espirituales. Recuerda a los empleados que no deben imponer sus creencias a los demás y que deben mantenerlas independientemente de sus obligaciones y tareas en el trabajo.

Aceptaos y respetaos los unos a los otros: Los empleados que reconozcan, comprendan y acepten sus diferencias encontrarán colaboración efectiva y respeto mutuo en lugar de conflictos en el desempeño de su trabajo.

Recuerda que una compañía con una fuerza laboral más diversa tiene un claro beneficio sobre el resultado final. Como ha demostrado McKinsey, las empresas que se sitúan en el cuartil superior de diversidad étnica y cultural entre sus equipos ejecutivos tienen un 33 % más de probabilidades de generar rentabilidad en el rango superior de su industria.[9]

MUJERES EN LOS NEGOCIOS

Aunque se ha progresado en el cierre de las brechas de género en el trabajo, todavía existen mitos sobre las mujeres en el liderazgo y en los negocios que suponen obstáculos en el camino hacia el éxito de una mujer. He aquí cuatro mitos comunes que deberás tener en cuenta:[10]

Los hombres tienen más confianza en sí mismos que las mujeres: Ampliamente considerados como más seguros y asertivos que las mujeres, en realidad, los hombres tienen las mismas dudas sobre sí mismos que las mujeres. Y del mismo modo que los hombres son percibidos como decisivos, fuertes, hábiles y confiados, también hay muchas mujeres que lo son. Sin embargo, cuando éstas demuestran confianza, dicha confianza puede interpretarse como frialdad o engreimiento.

Las mujeres están menos comprometidas con el trabajo que los hombres: Esta creencia se deriva de que las mujeres tradicionalmente se encargan del cuidado de los niños en el hogar. Sin embargo, según una encuesta de Harvard, no hay diferencia de género cuando los estudiantes responden sobre sus ambiciones de jerarquía corporativa y salario, o cuántas horas semanales están dispuestos a trabajar.

Las mujeres no se apoyan entre sí: «Aunque no creo que el comportamiento malicioso entre mujeres en el lugar de trabajo sea tan

9. Hunt, V.; Prince, S.; Dixon-Fyle, S., y Yee, L.: «Delivering through Diversity», *McKinsey & Company*, enero de 2018.
10. McElhaney, K.: «Four Myths That (Still) Get in the Way of Women and Leadership», *Haas School of Business* (blog de la Berkeley MBA), 4 de septiembre de 2018. [Disponible en: blogs.haas.berkeley.edu]

frecuente como se suele creer, a veces puede haber algo de verdad en ello»,[11] dice la Dra. Kellie McElhaney, profesora de la Escuela de Negocios Haas en la Universidad de California (Berkeley). Después de todo, la competencia en una fuerza laboral dominada por los hombres existe y puede ser fuerte. Pero las mujeres, de las que a menudo se espera que sean amables, también son percibidas como «malintencionadas» cuando están en desacuerdo con otra mujer. Felicita a las mujeres en público para luchar contra este mito.

Las mujeres son demasiado emocionales e histriónicas: A causa de este mito, se cree que las mujeres no pueden liderar en tiempos de crisis o presión, y se las considera incapaces de actuar con autoridad. En cambio, un hombre que levanta la voz se considera poderoso, no emocional. ¡Cuidado con este sesgo!

Estos mitos no son ciertos, pero siguen teniendo efectos en el mundo real sobre la vida profesional y la carrera de una mujer. Como gerente, no sólo debes reconocer que estos obstáculos existen para las mujeres, sino que debes asegurarte de que no afecten a tu toma de decisiones, ya sea en la contratación, la promoción o de cualquier otra manera.

SOBRE ESOS *MILLENNIALS*

¿Sabías que, a principios de la década de 2020, la mitad de la fuerza laboral estaba compuesta por *millennials*? La generación *millennial*, que por lo general se considera que está formada por los nacidos entre 1981 y 1996, ha sido «cada vez más reconocida como entusiasta, ambiciosa y genuinamente talentosa», según la analista de comunicación Roshini Rajkumar.[12, 13] Sin embargo, las generaciones anteriores pueden tener

11. Íbid.
12. Dimock, M.: «Defining Generations: Where Millennials End and Generation Z Begins», *Pew Research Center: Fact Tank*, 17 de enero de 2019. [Disponible en: www.pewresearch.org]
13. Rajkumar, R.: «Communicating with Millennials in the Workforce», *Roshini Performance Group: Roshini's Blog*, 7 de octubre de 2015. [Disponible en: roshinigroup.com]

ciertas dificultades para trabajar con los hábitos de trabajo, las expectativas y los estilos de comunicación de los *millennials*.

Éstos han llegado para quedarse y pronto ocuparán posiciones de liderazgo (si es que aún no las ocupan). He aquí cómo comunicarte con éxito con esta generación y ganarte su respeto, en tu beneficio y en el de tu organización.

Sé conciso y elocuente: Los *millennials* se relacionan con un mensaje elocuente que es breve. Todos están muy familiarizados con Twitter, donde debes expresar tus ideas en 280 caracteres como máximo, por lo que aprecian la brevedad. Omite la prosa innecesaria, pero asegúrate de seguir siendo detallado y minucioso cuando el momento lo requiera.

Muestra equidad en el lugar de trabajo: Los *millennials* valoran mucho la igualdad y una distribución equitativa de los derechos. Los líderes y los compañeros de trabajo que quieran comunicarse con ellos no deben mostrar ningún tipo de prejuicio o sesgo contra ningún individuo o grupo de personas. No necesitan bromas sobre su edad ni comentarios condescendientes, así que tómatelos en serio si pretendes imponer respeto en la oficina.

Comprométete con el bien común: ¿Tu compañía está contribuyendo a mejorar el mundo de alguna manera? ¿Participa en donaciones caritativas? Una línea de fondo social atraerá a la generación *millennial*.

Comunica una trayectoria profesional: De un grupo encuestado de veinticinco a treinta y cuatro años, el 61 % afirma que, después de dos o tres años de buen desempeño, deberían ser promocionados. Aunque son una generación conocida por la gratificación instantánea a través de las redes sociales, esto no significa que no hagan planes a largo plazo. Haz evaluaciones de desempeño frecuentes e informa a los empleados junior cuál será su recorrido dentro de tu compañía.

Fomenta sus propósitos: Algo particularmente llamativo acerca de los miembros de esta generación es su deseo de llevar una vida impulsada por la misión. Háblales sobre el propósito de la compañía y su valor y su importancia a la hora de conseguir los objetivos. Pueden sentir que sus pasiones se enriquecen y que están llevando a cabo un trabajo que *significa* algo.

Cualquier líder de cualquier edad puede aprender a comunicarse de manera efectiva con la generación *millennial.* Sólo se necesita comprender sus valores, su flujo de trabajo y sus aspiraciones.

17

Sobrevive a la política y a la gente

Puedes hacer más amigos en dos meses interesándote en otras personas que en dos años tratando de que otras personas se interesen por ti.

DALE CARNEGIE, autor

La *política de empresa* (los comportamientos que la gente utiliza para ganar y mantener el poder en el trabajo) es algo que se da en diversos grados en todas las organizaciones. Algunas están relativamente libres de este tipo de política, mientras que otras están inmersas en ellas. Encuentra un terreno particularmente fértil para crecer en entornos en los que las personas son, por el motivo que sea, inseguras, y la amplitud de miras y el crecimiento personal no son prioridades.

En cierto sentido, esta política puede ser algo bueno. Puede ayudarte a establecer relaciones más sólidas con otros miembros dentro de la organización y a construir una red que te permita hacer más cosas a través de otros. Como gerente, por ejemplo, puedes comunicarte con otros gerentes de otros departamentos para establecer mejores relaciones de trabajo. Esto podría implicar programar reuniones en tu oficina para discutir temas u oportunidades de interés mutuo, o invitarlos a comidas o cenas informales para conoceros.

Ésta es una buena política de empresa porque se utiliza para conseguir resultados positivos para todo el mundo. Todos están trabajando juntos para hacer avanzar la organización y hacer crecer a las personas que trabajan para ellos y con ellos.

Sin embargo, en otro sentido, puede ser perjudicial. Y eso suele ser a lo que nos referimos cuando describimos un departamento o un negocio que se ha visto interrumpido por la política de empresa. Éste es un lugar donde se rompe la confianza entre todos, no sólo entre gerentes y empleados, sino entre personas de todos los niveles. Los jefes tienen favoritos, los empleados compiten entre sí en lugar de cooperar, los chismorreos están omnipresentes, la envidia y la deshonestidad no se controlan, el lameculos está a la orden del día, y los reyes y las reinas del drama llevan la voz cantante.

Cuando la política de empresa llega a este punto exageradamente bajo, las empresas y las personas que las componen sufren muchísimo. Better Buys, una autoridad en *software* y tecnología, llevó a cabo un estudio de investigación en un amplio abanico de industrias sobre los tipos de mal comportamiento que los empleados acostumbran a tener. En muchos casos, éste es el resultado directo de la mala política de empresa. He aquí los diez malos comportamientos principales según la encuesta de Better Buys:

1. Llegar constantemente tarde (54,8 %)
2. Chismorrear a espaldas de alguien (53,7 %)
3. Cogerse un día de fiesta por enfermedad cuando en realidad no se está enfermo (53,2 %)
4. Gritarle a alguien (51 %)
5. Socializar en exceso (49,2 %)
6. Tomarse un largo descanso no autorizado para comer (42,8 %)
7. Salir antes sin permiso (41,4 %)
8. Mentir al jefe (41,1 %)
9. Practicar mala higiene (37,4 %)
10. Trabajar en proyectos personales en horario de trabajo (35,3 %)[1]

1. Better Buys: «Employees Behaving Badly: What's Really Happening at the Office». [Disponible en: www.betterbuys.com; acceso el 16 de agosto de 2019]

En el mejor de los casos, la política de empresa te ayuda a desarrollar las relaciones con tus compañeros de trabajo, tanto por arriba como por abajo en la cadena de mando, lo que te permite llevar a cabo tareas, estar informado sobre los últimos acontecimientos en el negocio y establecer una red personal de socios que apoye tu carrera profesional. En el peor, puede degenerar en una competencia, donde los empleados centran todos sus esfuerzos en tratar de aumentar su poder personal a expensas de otros y de sus organizaciones.

Pero no son sólo los empleados los que muestran los malos comportamientos que se derivan de una política de empresa descontrolada. Según la encuesta de Better Buys, los jefes también actúan mal. Éstos son los diez principales malos comportamientos de los jefes según explican los encuestados:

1. Gritar a alguien (37 %)
2. Utilizar un lenguaje obsceno (blasfemias) (20,8 %)
3. Chismorrear a espaldas de alguien (18,9 %)
4. Socializar en exceso (17,4 %)
5. Atribuirse el mérito por el trabajo de otra persona (15,2 %)
6. Salir temprano sin motivo (13,7 %)
7. Cogerse un día de fiesta por enfermedad cuando en realidad no se está enfermo (13,5 %)
8. Tomarse mucho tiempo para comer sin permiso (13,2 %)
9. Llegar constantemente tarde (11,7 %)
10. Contar chistes inapropiados (racistas, subidos de tono, machistas, etc.) (11,7 %).[2]

---

2. Íbid.

La forma en que se desempeña la política de empresa donde trabajas tendrá un impacto directo sobre tu felicidad y éxito a largo plazo, y sobre la felicidad y el éxito de quienes trabajan para ti y contigo. Dado que dicha política es tan común e importante, cuanto antes te familiarices con la de tu oficina o la de tu organización, mejor.

NUEVE SEÑALES DE QUE LA POLÍTICA DE EMPRESA ESTÁ DESCONTROLADA

La política es una parte natural de cualquier negocio. Por lo general, no es algo de lo que debas preocuparte mucho como gerente, a menos que se descontrole y los empleados, los clientes y el resultado final comiencen a verse afectados por ello. Entonces es cuando deberás intervenir y tomar medidas para contrarrestar los efectos negativos de la política de empresa.

A los que practican políticas destructivas les gusta hacer su trabajo en la sombra, escondidos detrás de los demás. Arroja luz sobre cualquiera que practique estas políticas destructivas y llama la atención cada vez que te encuentres con ello. No permitas que los rumores y las insinuaciones crezcan y se enconen; córtales las alas.

La American Management Association ha publicado recientemente una lista de nueve señales de que en una organización hay demasiada política de empresa:

Problema número 1: Estancamiento. Tu compañía está parada porque nadie puede ponerse de acuerdo sobre qué hacer.

Problema número 2: Burocracia. La gente está tan abrumada por el papeleo, la burocracia y las normas asfixiantes que su progreso se ve impedido.

Problema número 3: Peloteo (también conocido como lameculos). Las personas hablan de boca para afuera sobre las ideas de los líderes para halagarlos y ganarse su favor, pero no tienen un compromiso real para implementar el cambio.

Problema número 4: El paso doble falso. Las personas dicen lo que creen que las personas con las que en ese momento están hablando quieren escuchar.

Problema número 5: Pasarse la pelota. Nadie se hace responsable de nada y todos se apresuran a culpar a otro.

Problema número 6: Desidia, control de la hora y mala ética de trabajo. La gente tiene un sentido de las obligaciones y sólo están «calentando la silla» hasta que puedan irse a casa.

Problema número 7: Comunicación indirecta. En lugar de hablar directamente con los compañeros de trabajo cuando tienen un problema, los empleados se quejan a los supervisores y hablan de los colegas a sus espaldas.

Problema número 8: Clientelismo. Los empleados influyentes impulsan proyectos costosos que sirven sólo a una pequeña parte de la empresa.

Problema número 9: Corrupción. Las personas malversan fondos de la empresa, falsifican informes o participan en otros comportamientos poco éticos o ilegales.[3]

¿QUIÉNES SON LOS ACTORES CLAVE?

Ahora que conoces las prácticas y las normas de comportamiento de tu empresa, puedes comenzar a moverte por ese entorno. De todos modos, también debes conocer a las personas clave en tu oficina que afectan de manera positiva en la productividad y la moral en el lugar de trabajo. Son quienes hacen las cosas. Puede que no ocupen puestos de alto nivel,

3. Sujansky, J. G.: «Corporate Politics 101: The Nine Signs of an Overly Political Organization», *American Management Association*, 24 de enero de 2019. [Disponible en: www.amanet.org]

pero sí tienen una influencia decisiva. Son muy hábiles a la hora de jugar a la política de empresa.

Estos actores clave suelen pertenecer a determinadas categorías de personas. ¿Puedes identificar quién es quién en tu oficina? ¿Qué tipo de actor clave eres?

Expertos: Individuos que son técnicamente competentes y pueden tomar la iniciativa en situaciones difíciles.

Apagafuegos: Personas a las que les encanta intervenir para salvar proyectos en el último minuto.

Saboteadores: Mantén a este tipo de persona lejos de tu proceso de toma de decisiones, ya que a menudo elimina las ideas en un abrir y cerrar de ojos.

Llorones: Estos empleados son pesimistas y casi nunca están contentos con el trabajo que hacen.

Chismosos: Estas personas siempre están informadas y conocen las noticias de la empresa mucho antes que los demás.

Ciudadanos corporativos: Estos empleados son de fiar, tienen recursos increíbles y buscan progresar a largo plazo dentro de la empresa.

Pesos pesados: Los individuos de esta categoría son altamente cualificados y suelen realizar tareas que van mucho más allá de los límites de su posición.

¿CÓMO FUNCIONA REALMENTE TU ORGANIZACIÓN?

Cada organización es diferente: no hay dos que funcionen exactamente de la misma manera. Si eres nuevo en la gestión o en tu organización, te interesa saber cómo funciona realmente tu organización. Es decir, ¿cuál es la cultura, cuáles son las costumbres, cuáles son las reglas básicas que necesitarás para conseguir tener éxito?

Aunque es posible que hayas trabajado para una empresa durante bastante tiempo, cuando te conviertes en un nuevo gerente adquieres una perspectiva completamente nueva sobre cómo funciona la organización.

Es como viajar a un país extranjero. Si quieres sentirte cómodo durante tu visita, independientemente de lo corta o larga que sea, debes adquirir cierto conocimiento sobre la cultura, las costumbres y las reglas básicas que deberás seguir.

He aquí algunas formas testadas de comprender mejor cómo funciona tu organización y cómo encajarás en ella como gerente:

Haz preguntas perspicaces a tus compañeros de trabajo. Esto no sólo te ayudará a mostrarte como un empleado maduro y educado con visión, sino que las respuestas también te aportarán conocimientos útiles. Un ejemplo de pregunta de este tipo podría ser: «¿Cuál es la mejor manera de conseguir la aprobación de este presupuesto?».

Conoce las prácticas de los trabajadores más efectivos de la organización. ¿Sabes cómo los empleados más productivos llevan a cabo sus tareas? ¿Delegan ciertas partes de las tareas? ¿Cómo gestionan el tiempo?

Presta atención a cómo y por qué los empleados son recompensados y disciplinados. Cuando observas el sistema de recompensas y disciplina de tu compañía, puedes saber qué comportamiento se espera de los empleados y cuál se considera inaceptable.

Observa cómo actúan los miembros formales del personal. ¿Puedes expresar tus pensamientos sin temor a pisar a alguien? ¿Necesitas ajustar el lenguaje que utilizas? La formalidad de una organización te dirá cómo debes comportarte ante los demás.

Como sin duda ya te habrás dado cuenta, lo que se dice en una organización puede tener un significado subyacente más profundo. Cuando lees entre líneas, adquieres contexto e información de fondo, y prestas atención al comportamiento de los demás, es cuando eres capaz de descifrar el mensaje real que hay detrás de lo que se comunica.

Algunas personas otorgan un gran valor y significado a las herramientas que utilizan para comunicarse. Sé cauteloso. En realidad, estas herramientas pueden sugerir las profundas inseguridades de una persona sobre el poder y el éxito. Por ejemplo, un reloj Rolex puede decirle a tu empleado la hora, pero también te dice que la persona que lo lleva quiere atención. O considera un smartphone elegante y costoso, el que suena durante las reuniones, que permite al propietario excusarse con frecuencia de la sala para tratar con un supuesto cliente importante. Esta herramienta puede ser utilizada en cualquier momento por una persona que quiera parecer ocupada y popular entre los clientes.

Cuando se trata de asuntos comerciales escritos, tendrás que leer mucho entre líneas. Aunque creas que eres del todo consciente de lo que está pasando, lo cierto es que puede ser que haya información que aún desconoces. Por ejemplo, supongamos que se envía un mensaje de correo electrónico general a todo el personal sobre la marcha de un empleado veterano de la compañía. Aunque el anuncio se lee como lógico y directo, es posible que puedas leer entre líneas recurriendo a los antecedentes para comprender lo que realmente dice el correo. Podrías concluir que este antiguo empleado, a quien el jefe había estado tratando de despedir desde hacía un tiempo, finalmente ha hecho algo que ha provocado su despido. Naturalmente, es fundamental que no te acostumbres a sacar conclusiones precipitadas, porque es posible que no siempre estés en lo cierto.

De todos modos, hay maneras de confirmar tus conclusiones: sólo necesitas saber cómo averiguar con éxito la información. Conviértete en un oyente de confianza y los demás hablarán abiertamente sobre sí mismos, sobre todo después de que muestres una consideración genuina por sus intereses. Una vez creadas estas relaciones, puedes comenzar a consultar la información que buscas (rumores, información sobre próximos acontecimientos o decisiones, etc.). Asegúrate de confirmar con varias fuentes que la información es verdadera, que actúas de manera casual cuando haces las preguntas y que las formulas de diferentes maneras.

Si quieres comprender mejor el significado real que hay detrás de lo que dice una persona, confía en sus acciones más que en sus palabras. Alguien puede decir una cosa, claro, pero ¿coinciden sus valores y prioridades con lo que ha dicho? Si tu gerente sigue diciendo que está trabajando para aumentar tu tiempo libre remunerado, ¿observas algún movimiento concreto (llamadas a los superiores, presentación de documentos) que respalde sus declaraciones? Recuerda: los mensajes hablados de un comunicador son importantes, pero también lo son sus acciones. Las reglas y directrices que sigue una organización a menudo están escritas y ayudan a guiar el desempeño de los empleados y las operaciones en el lugar de trabajo. Al mismo tiempo, siempre hay un conjunto de reglas no escritas que siguen siendo de vital importancia en cualquier compañía u organización. Las reglas no escritas hablan de cómo se comportan los empleados y de lo que se espera de ellos. Pueden hacer o deshacer la trayectoria de una persona, dependiendo de cómo se sigan estas reglas. Y, por supuesto, no están documentados en ninguna parte; por lo tanto, tendrás que investigarlos por tu cuenta haciendo preguntas perspicaces, observando a los demás y examinando los recursos de la compañía. He aquí otros métodos para descubrir las reglas no escritas de tu organización.

Hacer amigos

No camines solo. Si cada vez más personas de tu organización confían en ti, tendrás una mejor experiencia laboral. En tu grupo de trabajo inmediato hay un montón de potenciales amistades, amistades que pueden crecer tanto dentro como fuera de la oficina. Luego puedes expandir tu círculo de amistades a otros departamentos de tu organización.

Amplía tu red de amigos simplemente deambulando por la oficina y conversando con cualquier persona que encuentres, uniéndote a comités (que, por lo general, tienen nuevas personas a las que puedes conocer y con las que puedes conversar en un entorno informal) o asistiendo a actividades de la compañía (como deportes de equipo o excursiones de un día). En última instancia, es bueno tener amigos en el trabajo. Además, más amistades en el lugar de trabajo te ayudarán a conseguir la información que necesitas, así como a ampliar tu lista de contactos. Recuerda: ¡en un futuro cercano podrías terminar trabajando de alguna manera para algunos de estos amigos!

Ofrecer ayuda

Como dijo una vez una persona muy sabia, recibes lo que das. La política de empresa dicta que, cuando le das a otras personas lo que quieren, te resultará más fácil conseguir lo que buscas. Obtén la aprobación y la ayuda de tus compañeros demostrando lo valioso que eres como activo. ¿Saben lo que aportas? ¿Tus compañeros de trabajo son conscientes de todo lo que pueden ganar cuando te ayudan?

Hay una serie de beneficios que puedes aportar a otros a cambio de tu ayuda. Entre éstos, se incluyen información que no todos conocen, devolver un favor, dinero extra para asignar a tu presupuesto o una recomendación personal a los superiores de la compañía. Cuando ayudes a otros, asegúrate de seguir la política de la empresa. ¡Evita hacer algo poco ético o infringir la ley!

Trazar una línea

Si crees que un acontecimiento social te brinda una oportunidad real en el que todos en la organización se encuentran en el mismo nivel y en el que se eliminan las jerarquías profesionales, considera abandonar por completo esta creencia. En realidad, las funciones sociales son aquel tipo de ocasión en la que debes poner límites y trazar una línea que no cruzarás. Ten cuidado en los eventos de la empresa porque puedes dañar tu reputación y tu trayectoria profesional si no te comportas adecuadamente. Todo lo que necesitas es beber demasiado, acosar sexualmente a un compañero de trabajo en la fiesta navideña de la empresa o ser demasiado sociable y decir algo incorrecto delante de la persona equivocada.

En vez de ello, muévete con aplomo. Mantén conversaciones intrascendentes y participa en las conversaciones de manera adecuada. Si hay alcohol, bebe moderadamente o no bebas nada en absoluto. Evita hablar sobre el trabajo y no abandones un acto social hasta que el jefe se haya ido. Puede que estés en una fiesta de la compañía, pero en realidad no estás participando en una fiesta como tal.

Manejar a los de arriba

¿Sabías que los empleados no son los únicos que deben ser gestionados? Los gerentes también deben serlo. Esto significa que se debe alentar a los gerentes a que hagan movimientos que beneficien no sólo a los miembros del personal, sino también a ti. He aquí algunas estrategias altamente efectivas de gestión de gerentes:

Respalda a tu gerente durante las reuniones de personal: «Richard tiene toda la razón en su evaluación. Realmente, deberíamos pensar en el efecto que tendrá este cambio sobre nuestros servicios mensuales».

No te avergüences de mencionar tus éxitos: «Este nuevo cliente que conseguí nos proporcionará nuestro acuerdo más rentable del trimestre».

Elogia públicamente a tu gerente: «Nunca he tenido un gerente con tantos conocimientos y habilidades como Theresa. Ella es la mejor».

Asegúrate de entablar buenas relaciones con cualquier miembro del personal que se encuentre por encima de tu gerente en la jerarquía de la compañía. Una relación sólida con el gerente de tu gerente sólo puede ser un buen augurio para tu trayectoria profesional a largo plazo.

CÓMO TRATAR CON EMPLEADOS TÓXICOS

Todos hemos trabajado con personas que son tan negativas, tanto en sus actitudes como en sus acciones, que no se las puede llamar de otra manera que *tóxicas*. Los empleados tóxicos pueden absorber la energía de una organización y de las personas que trabajan en ella. Hace unos años, escribí un artículo para Inc.com que describe a los siete empleados tóxicos que debes apartar de tu vida lo antes posible.[4]

Aunque es posible que en realidad no quieras apartar a estos empleados de tu vida –lo más probable es que estén proporcionando valor a tu negocio–, puedes y debes hacer todo lo posible para reducir la toxicidad que llevan al lugar de trabajo. ¿Has visto últimamente a estas siete personas tóxicas en tu oficina?

1. **El que carga sus problemas sobre todos los demás.** ¿Alguna vez has trabajado con alguien que intenta que hagas su trabajo además del tuyo? Este tipo de empleado es un experto en encontrar maneras –a menudo astutas– de lograr que sus compañeros hagan el trabajo por ellos. Siempre parece que estas personas nunca hagan nada, pero constantemente se quejan de que están sobrecargadas de trabajo y mal pagadas. La mejor cura para este empleado tóxico es asegurarte de establecer objetivos definidos con medidas cuantitativas y, luego, determinar con cierta frecuencia si los cumple o no. Si no los cumple, es posible que debas corregir su actitud.

2. **El que dice: «Bueno, ése es tu problema».** Nunca debe haber un trabajo o una situación que sea problema de otra persona. Incluso si algo pasa por el despacho de alguien que normalmente no lo gestiona, siempre debe asumir la responsabilidad de encontrar a la persona adecuada para gestionarlo de la manera más eficiente y efectiva posible.

3. **El que constantemente grita o pierde los estribos con clientes y compañeros de trabajo.** Este tipo de comportamiento negativo no es aceptable. Señala la puerta a los empleados que no pueden controlar su temperamento.

---

4. Economy, P.: «These Are the 7 Toxic Employees You Should Fire Right Now (Before It's Too Late)», *Inc.: Leadership Guy Blog*, 5 de septiembre de 2017. [Disponible en: www.inc.com]

4. **El que siempre cambia de tema en las reuniones.** Ya conoces al empleado que parece que en una reunión lo más le gusta es hablar de cualquier otra cosa que no sea lo que está en tu agenda. No permitas que los empleados negativos echen a perder tus reuniones.

5. **Aquel de quien todos los demás se quejan.** Cuando varios empleados se quejan de un compañero de trabajo en concreto, es muy probable que tengas un empleado negativo a tu cargo. En lugar de ignorar las quejas, revísalas y actúa si lo crees necesario.

6. **El que dice:** «Éste no es mi trabajo» o «Esto es estúpido». Un empleado que constantemente demuestra esta actitud no merece un puesto de trabajo, por lo menos no en tu negocio.

7. **El que claramente es infeliz.** Los empleados insatisfechos no son buenos para ti, tu negocio, tus clientes o para cualquier otra persona. También hacen infelices a todos los que los rodean, y eso es malo para tu negocio. Ayúdalos a encontrar la felicidad sacándolos de tu negocio y acercándolos a nuevas oportunidades lo más rápido posible.

A nadie le gusta trabajar con personas demasiado negativas o tóxicas. Sin embargo, es posible que no tengan otra opción si quieren conservar su trabajo. En lugar de discutirse, hacen todo lo posible por ignorar el comportamiento negativo de las personas tóxicas en la oficina, con la esperanza de que alguien aborde o el problema o, milagrosamente, desaparezca. Pero, por desgracia, las personas tóxicas y el efecto negativo que tienen sobre las organizaciones y las personas que las rodean no suelen desaparecer.

Independientemente de cuánto enfatice la gente la energía positiva, siempre habrá alguien que parece abrumarnos con su negatividad. De hecho, algunas personas parecen disfrutar con su pesimismo y nada les gusta más que difundirlo. Como gerente, debes estar alerta ante los empleados tóxicos y debes tomar medidas para neutralizar su efecto sobre las personas que los rodean.

Tus empleados esperan que resuelvas este problema, y si eliges ignorarlo, entonces de tu decisión se derivarán una serie de otras consecuencias negativas. He aquí cinco cosas que puedes hacer para ayudar a convertir a las personas con energía negativa en personas con energía positiva:

Empatiza con su situación. Todos nos sentimos deprimidos de vez en cuando; todos sabemos lo que es estar atrapado en una situación negativa de la que no podemos ver una vía clara de huida. Nadie piensa: «Quiero trabajar mal hoy» cuando se levanta de la cama por la mañana. Empatiza con la persona negativa que está delante de ti y trata de llegar a la raíz de por qué se siente de esa manera. ¿Tiene problemas con su pareja o con un ser querido? ¿Está enfadado porque un compañero de trabajo ha sido promocionado antes que él? ¿Está cabreado porque un cliente hizo un pedido en el último minuto? Si profundizas lo suficiente, siendo empático mientras investigas, es probable que descubras de dónde proviene la negatividad. Cuando lo descubras, podrás hacer algo al respecto.

Habla, pero no trates de resolver el problema tú mismo. Las personas negativas a menudo hacen mucho ruido y provocan alboroto en sus organizaciones porque es la forma que tienen para liberar la presión que sienten. Si otras personas quedan atrapadas en la liberación de presión, piensan, mala suerte para ellas. Como gerente, debes escuchar a tu empleado negativo e investigar para llegar al motivo de lo que lo hace ser tan negativo. Sin embargo, márcate límites al tratar de resolver el problema por tu cuenta. En última instancia, si tu empleado no transforma su actitud negativa en positiva, entonces, será él quien tendrá que resolver los problemas que la están provocando. Sé una buena caja de resonancia para tus empleados y anímalos a cambiar su comportamiento.

Aprovecha sus pasiones. Hay cosas en nuestra vida laboral que despiertan nuestras pasiones. Por ejemplo, quizá quieras crear y vender productos que mejoren la vida de las personas. Por otro lado, quizá yo quiera diseñar las presentaciones de PowerPoint más sorprendentes que hayas visto. Es posible que al menos parte del motivo por el cual tu empleado negativo sea tan negativo, sea porque no tiene la oportunidad de hacer cosas en el trabajo que aprovechen y liberen sus pasiones. Como gerente, puedes hacer algo al respecto. En primer lugar, averigua qué desencadena las pasiones de tu empleado y luego asígnale tareas o responsabilidades que le proporcionen la oportunidad de realizarlas. Ambos seréis más felices.

Escucha entre líneas. Claro, las personas negativas tienden a soltar muchas palabras negativas dondequiera que vayan, irritando a quienes les rodean. Sin embargo, en realidad toda esta negatividad podría ser su forma de hacer frente a algunos desafíos realmente difíciles a los que se tienen que enfrentar a lo largo de su vida. La negatividad también puede ser un grito de auxilio de alguien que se siente abrumado por su trabajo o su trayectoria profesional. Mientras escuchas el discurso negativo de tu empleado, trata de identificar qué podría estar motivando esas palabras y emociones en concreto, y qué puedes hacer para ayudarlo a canalizarlas hacia sentimientos más positivos. Anima a tu empleado y expresa cuánto aprecias el buen trabajo que hace. Ayúdalo a desarrollar la confianza en sí mismo que necesita para prosperar en su trabajo.

Consigue una sonrisa. Incluso las personas negativas se cansan de ser negativas todo el rato. Prefieren ser positivas y divertirse con sus compañeros y sus clientes. Descubre qué hace que tu empleado se sienta bien. ¿Está orgulloso de los logros de sus hijos? ¿Le gusta pasar el rato con sus compañeros al salir del trabajo? ¿Tiene un lugar favorito al que le gusta ir de vez en cuando? Averigua qué consigue dibujar una sonrisa en la cara de tu empleado negativo e intenta lograr que aparezca.

LA CUESTIÓN ÉTICA

¿Estás siguiendo un código de ética en el trabajo? ¿Tus prácticas y tus acuerdos comerciales diarios están imbuidos de un comportamiento justo y ético, o en cierto sentido no lo logran? ¿Qué pasa con las personas de tu departamento o de tu organización? ¿Tienen un comportamiento coherente con los valores centrales implícitos o publicados de la organización? ¿Y contigo?

A medida que avances en tu carrera profesional, encontrarás retos morales en cada área de tu vida empresarial. Alguien te pedirá que tome un atajo aquí, te saltes una regla allá, ignores un problema de calidad más allá, te «olvides» de reembolsar el dinero a un cliente u obvies a un candidato de trabajo del todo cualificado por su raza o su género. Incluso te pueden pedir –u ordenar– que te saltes la ley.

¿Estás preparado para enfrentarte a estos dilemas éticos cuando se presenten? ¿Qué vas a hacer?

¿Qué harías si le vendes a un cliente un producto que luego descubres que es defectuoso? ¿Te pondrías en contacto inmediatamente con él para advertirle del error y recomendarle un reembolso o un cambio, o ignorarías el problema y esperarías que no pasara nada? ¿Y si tu jefe te dijera que simplemente olvidaras e ignoraras lo descubierto sobre los errores del producto? ¿Qué harías?

Como gerente, tu trabajo requerirá que tomes decisiones éticas con cierta regularidad. El tipo de decisión que tomes en estas situaciones dependerá en gran medida de tu propia brújula moral. ¿Cuáles son tus valores y estás dispuesto a comprometerlos para complacer a tu jefe o para evitar ser despedido? ¿Cuáles son las líneas rojas que nunca cruzarás, independientemente de que te presionen y que la cosa se ponga fea?

Una persona con altos estándares éticos suele encarnar los siguientes valores específicos en el trabajo y en su vida personal:

- Equidad
- Honestidad
- Lealtad
- Responsabilidad
- Integridad

- Dedicación

- Responsabilidad

Hoy en día, la mayoría de las compañías publican sus valores fundamentales, al igual que sus declaraciones de visión y misión. Estos valores sirven como guardarraíles para el comportamiento ético de los empleados. He aquí, por ejemplo, los valores fundamentales publicados de algunas de las compañías más exitosas de la actualidad:

Coca-Cola

- Liderazgo (el coraje para dar forma a un futuro mejor).

- Pasión (comprometidos en corazón y mente).

- Integridad (sé real).

- Responsabilidad (si va a ser, depende de mí).

- Colaboración (aprovecha el ingenio colectivo).

- Innovación (busca, imagina, crea, deleita).

- Calidad (lo que hacemos, lo hacemos bien).

- Diversidad (tan inclusivo como nuestras marcas).[5]

The Home Depot

- Excelente servicio al cliente.

- Cuidado de nuestro personal.

- Construcción de relaciones sólidas.

---

5. The Coca-Cola Company: «Why Work at the Coca-Cola Company?». [Disponible en: www.coca-colacompany.com; acceso el 16 de agosto de 2019]

- Respeto por todas las personas.
- Espíritu emprendedor.
- Hacer lo correcto.
- Devolver.
- Creación de valor para los accionistas.[6]

Apple

- Medio ambiente (para pedir menos al planeta, nos pedimos más a nosotros mismos).
- Responsabilidad del proveedor (una cadena de suministro que empodera a las personas y protege el planeta).
- Accesibilidad (la tecnología es más poderosa cuando empodera a todos)
- Privacidad (los productos de Apple están diseñados para proteger tu privacidad).
- Inclusión y diversidad (abierto).[7]

Cuando tu compañía publica su propio conjunto de valores fundamentales como lo hacen estas compañías exitosas, resulta bastante fácil saber qué decisión tomar cuando te enfrentas a un dilema ético. Pero ¿qué debes hacer cuando tu compañía no tiene su propio conjunto de valores fundamentales, o cuando tu jefe o cualquier otra persona está intentando que alteres (o te saltes) las reglas? En este caso, deberás re-

---

6. The Home Depot: «Your Culture, Your Community: Living Our Values Every Day». [Disponible en: careers.homedepot.com; acceso el 16 de agosto de 2019]
7. Apple: «Apple Site Map: Apple Values». [Disponible en: www.apple.com; acceso el 16 de agosto de 2019]

currir a tus valores fundamentales y utilizarlos como guía para tu comportamiento.

Si pretendes mejorar las decisiones que tomas, considera estos sencillos pasos:

Paso 1: Evalúa la situación actual, utilizando diferentes filtros (¿cuáles son las circunstancias desde el punto de vista de la cultura?, ¿de la ley?, ¿de la política?, ¿de las emociones?).

Paso 2: Trata a todas las partes y los problemas involucrados de manera justa. Asegúrate de que se establezcan límites.

Paso 3: Duda antes de tomar decisiones serias.

Paso 4: Informa de la decisión que tomas a todos los involucrados en la situación.

Paso 5: Potencia un ambiente estable y consecuente para ti y tus empleados.

Paso 6: Pide cualquier consejo que puedas necesitar a alguien que sea honesto y respetable.

Y si estás buscando mejorar las decisiones éticas que toman tus empleados, lo mejor que puedes hacer es desarrollar una cultura de coraje en tu organización. No castigues a tu gente porque haya tomado decisiones éticas o decisiones coherentes con los valores fundamentales declarados de tu compañía.

Neutraliza o elimina las fuentes de presión y de miedo que hacen que las buenas personas decidan hacer cosas malas. En algunos casos, esto puede implicar disciplinar o despedir a las personas que constantemente tienen un mal comportamiento ético en el lugar de trabajo.

Por último, elogia, identifica y recompensa a los empleados que eligen hacer lo correcto. Recuerda: realmente obtienes lo que premias.

Glosario:

Términos esenciales que cualquier gerente debería conocer

Activo. Efectivo y cosas de valor que se pueden convertir en efectivo, como edificios, equipos e inventario.

Activos fijos. Activo que tardan más de un año en convertirse en efectivo, como edificios e inmuebles.

Adquisición. Dícese de la compra de un negocio por parte de otro negocio.

Adquisición (*buyout*). Compra del capital o la participación mayoritaria de las acciones de alguien.

Ágil. Metodología de gestión de proyectos iterativa que valora la comunicación humana y la retroalimentación, adaptándose a los cambios y produciendo resultados de trabajo.

Aguas bravas (*whitewater change*). Dícese del ambiente cambiante e impredecible de un negocio.

Análisis coste-beneficio. Análisis que mide el coste por unidad producida de un bien o servicio y el beneficio obtenido por su venta.

Análisis de la varianza. Comparación del desempeño real frente al desempeño esperado.

Año fiscal. Período de un año que se utiliza con fines impositivos o contables; puede corresponder o no a un año de calendario estándar.

Balance de pérdidas y ganancias. Estado financiero que suma los ingresos de una empresa y resta sus gastos para determinar su beneficio o su pérdida netos durante un período de tiempo específico. También se conoce como *balance de resultados*.

Balance de resultados. *Véase* balance de pérdidas y ganancias.

Beneficio. Ganancia financiera de una empresa, calculada restando los gastos totales de los ingresos totales.

Beneficio neto. *Véase* resultado.

B2B (*business to business*). Comercio y transacciones directamente entre negocios.

B2C (*business to consumer*). Comercio y transacciones entre negocios y consumidores.

Compensación. El total de lo que se le paga a un empleado por su trabajo, incluido el salario y todo aquello que promueve su satisfacción en lo que respecta a la formación y el desarrollo personal y profesional.

Competencias básicas. Habilidades y recursos que distinguen a una empresa en el mercado.

Cuentas por cobrar. Dinero adeudado a tu organización por clientes y consumidores que han comprado tus bienes o servicios.

Cuentas por pagar. Dinero adeudado a las personas y organizaciones que han proporcionado bienes o servicios a tu organización.

Desarrollo organizacional. Enfoque planificado y sistemático para mejorar la eficacia organizacional, a menudo a través de programas de formación de empleados, *coaching*, gestión del cambio, etc.

Diligencia previa (*due diligence*). Examen detallado de los términos de una transacción comercial o de un acuerdo antes de ejecutarlo.

Eficiente. Dícese del proceso que permite organizar las actividades comerciales de una manera que aporte un mayor valor a los clientes al tiempo que reduce el desperdicio.

Establecimiento de objetivos. Proceso de decidir lo que quieres conseguir y luego crear un plan para conseguirlo.

Experto en la materia (*subject matter expert*). Persona que tiene un conocimiento experto o habilidades en un tema o un proceso en particular.

Flujo de caja (*cash flow*). Comparación de las entradas de efectivo de una organización frente a sus salidas de efectivo.

Fruta madura. Los objetivos o metas más fáciles de conseguir con el mínimo esfuerzo.

Ganar terreno. Hacerse más popular.

Gestión total de la calidad (*total quality management, TQM*). Conjunto de actividades aplicadas para la mejora continua de los productos y servicios de una organización.

Hoja de balance. Instantánea de la salud financiera de tu organización en un momento concreto, que muestra los activos, los pasivos y el patrimonio del propietario.

Índice de referencia. Estándar utilizado como punto de referencia para medir o juzgar la calidad o el desempeño.

Ingresos. Dinero que una empresa obtiene de la venta de sus bienes o servicios.

Inmersión profunda (*deep dive*). Examen de una propuesta de negocio o de unos resultados con gran detalle.

Pasivo. Dinero adeudado a personas o a otras organizaciones que no pertenecen a tu propia organización.

Presupuesto. Estimación de ingresos y gastos para un período de tiempo específico, como un mes, un trimestre o un año.

Principio de Peter. Principio que afirma que los empleados que hacen bien su trabajo van siendo promocionados a puestos de mayor responsabilidad hasta llegar a uno en el que no son capaces de cumplir con los objetivos.

Procesable. Que se puede actuar sobre ello.

Ratio corriente (*quick ratio*). *Veáse* test ácido.

Recolocación. Acción de ayudar a los empleados a encontrar nuevos trabajos después de un recorte de plantilla.

Recorte de plantilla. Reducción del tamaño de una organización que se lleva a cabo disminuyendo el número de empleados que trabajan para ella. También se conoce como *reducción de personal.*

Rentabilidad sobre la inversión. Cantidad de dólares (o de cualquier otra moneda) de ingresos netos ganados por cada dólar de capital invertido.

Resultado. Ingresos netos de una empresa: sus ingresos menos todos los gastos. También se conoce como *balance.*

Rotación. Abandono de una organización por parte de un empleado por cualquier motivo, incluida la renuncia, la reducción de plantilla y el despido.

Ser creativo. Pensar lejos del paradigma estándar de maneras poco frecuentes con la esperanza de llegar a una idea o una solución creativa.

Six Sigma. Sistema para eliminar defectos de productos y mejorar los procesos comerciales que se basa en la utilización de herramientas y análisis estadísticos.

Test ácido (*acid test*). Medida de la capacidad de una empresa para pagar sus pasivos circulantes con sus activos circulantes menos el inventario; también se conoce como *quick ratio* o *ratio corriente.*

Ventaja competitiva. Cuando un negocio se encuentra en condiciones de superar a sus competidores.

Acerca del autor

Peter Economy es un autor de libros superventas sobre negocios, escritor fantasma, editor literario y consultor editorial con más de cien libros publicados (y más de dos millones de copias vendidas). Escribe columnas sobre liderazgo y gestión para Inc.com (The Leadership Guy) y trabajó durante dieciocho años como editor asociado de la revista *Leader to Leader*, publicada por el Frances Hesselbein Leadership Forum. Peter enseñó creatividad e innovación como profesor en la Universidad Estatal de San Diego, pertenece al National Advisory Council of The Art of Science Learning y es miembro fundador de la junta directiva de SPORTS for Exceptional Athletes.

Licenciado en la Universidad de Stanford (con especialización en Economía y Biología Humana), Peter ha trabajado en estrecha colaboración con algunos de los principales pensadores del país en el ámbito de los negocios, el liderazgo y la tecnología, incluidos Jim Collins, Frances Hesselbein, Barry O'Reilly, Peter Senge, Kellie McElhaney, Jeff Patton, Marshall Goldsmith, Marty Cagan, Lolly Daskal, Guy Kawasaki, Emma Seppala, William Taylor, Jim Kilts, Jean Lipman-Blumen, Stephen Orban y Ken Blanchard, entre muchos otros.

Visita a Peter en...

www.petereconomy.com
www.inc.com/author/peter-economy
@bizzwriter (Twitter)

Índice